La Breve Historia de la Segunda Guerra Mundial en Asia

La guerra de Asia-Pacífico, la Flota Oriental, Pearl Harbor y la bomba atómica que conmocionó a Japón (1941-1945)

Descargo de responsabilidad

Copyright 2022 by Academy Archives - *Todos los derechos reservados*

El objetivo de este documento es proporcionar información exacta y fiable en relación con el tema y la cuestión tratados. La publicación se vende con la idea de que el editor no está obligado a prestar servicios de contabilidad, permitidos oficialmente o de otro tipo, cualificados. Si es necesario un asesoramiento, legal o profesional, se debe encargar a una persona con práctica en la profesión - de una Declaración de Principios que fue aceptada y aprobada igualmente por un Comité de la Asociación de Abogados de Estados Unidos y un Comité de las Editoriales y Asociaciones.

En ningún caso es legal reproducir, duplicar o transmitir cualquier parte de este documento, ya sea por medios electrónicos o en formato impreso. La grabación de esta publicación está estrictamente prohibida y no se permite el almacenamiento de este documento a menos que se cuente con la autorización por escrito del editor. Todos los derechos reservados.

La presentación de la información es sin contrato ni ningún tipo de garantía. Las marcas registradas que se utilizan son sin ningún tipo de consentimiento, y la publicación de la marca es sin el permiso o el respaldo del propietario de la marca. Todas las marcas comerciales y marcas que aparecen en este libro son sólo para fines de aclaración y son propiedad de los propios dueños, no están afiliados a este documento. No fomentamos el abuso de sustancias y no podemos hacernos responsables de la participación en actividades ilegales.

Introducción

La Segunda Guerra Mundial en **Asia** (también llamada **Guerra del Pacífico**, (y) *Guerra del Pacífico*) se libró en Asia Oriental y el Océano Pacífico entre el Imperio Japonés y una coalición de Aliados, siendo los principales Estados Unidos, China y (desde agosto de 1945) la Unión Soviética.

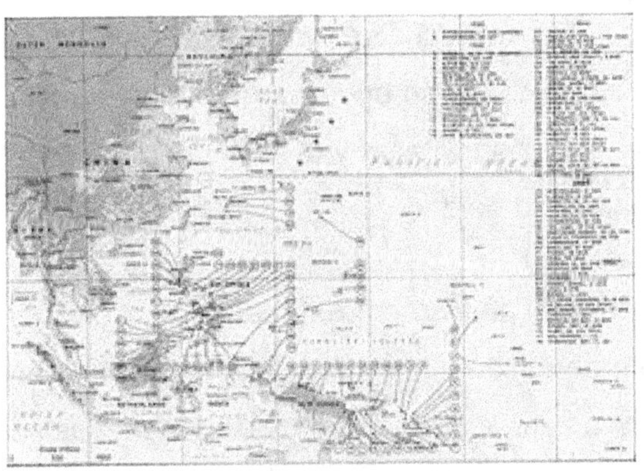

Incluso años antes de que comenzara la Segunda Guerra Mundial en Asia, había señales de un creciente malestar:

- Estados Unidos y las potencias europeas (Gran Bretaña, Francia y los Países Bajos) colonizaron muchas islas y países de Asia, obteniendo el dominio de gran parte de la población asiática.

- Japón comenzó a fortalecerse cada vez más: gracias a sus planes económicos más occidentales, la industria japonesa, así como su ejército, se desarrollaron a la velocidad del rayo.
- Había un creciente malestar en China, lo que facilitó que Japón ganara mucha influencia allí.

Japón se había convertido en un país altamente industrializado desde su apertura al mundo en el siglo XIX, gobernado por los militares y un emperador que era considerado una deidad.

Sin embargo, el país se enfrentaba a un gran problema: tenía un gran excedente de población y pocas materias primas para su industria. Por ello, los japoneses se volcaron cada vez más en el imperialismo, en la conquista de nuevos territorios para Japón en Asia.

Sin embargo, con el paso de los años, la actitud de los japoneses cambió: al principio sólo querían pequeñas expansiones para salvar su territorio de la superpoblación, pero después querían mucho más: un imperio propio en

Asia. Querían eliminar a los opresores (las potencias coloniales) de Asia y establecer su propia autoridad en su lugar, y también querían controlar China.

Los primeros pasos se dieron ya en el siglo XIX, cuando el ejército japonés ocupó las islas al sur del continente propiamente dicho, incluida Okinawa. En la Primera Guerra Sino-Japonesa (1894-1895), Formosa (Taiwán) y Corea fueron arrebatadas a China y anexionadas a Japón, y en la Guerra Ruso-Japonesa (1904-1905), los rusos perdieron su base naval de Port Arthur a manos de los japoneses, que obtuvieron así el control del Mar Amarillo. En la Primera Guerra Mundial, los japoneses capturaron gran parte del imperio colonial alemán en Asia, incluidas las Islas Marianas, las Islas Marshall y las Islas Gilberts. En el Tratado de Versalles, Japón obtuvo todas las islas conquistadas al norte del ecuador.

En el periodo posterior a la Primera Guerra Mundial, Estados Unidos, los Países Bajos, Francia, Gran Bretaña, Australia y Nueva Zelanda intentaron conjuntamente contrarrestar la creciente influencia y expansión de Japón. Japón, que en la década de 1930 recibió una influencia cada vez mayor de los militares ultranacionalistas y expansionistas, se orientó cada vez más hacia las potencias del Eje.

Índice de contenidos

7

Guerra chino-japonesa

Manchuria había sido un estado independiente separado de China desde la Primera Guerra Sino-Japonesa, sirviendo como estado tapón entre Japón y China. El 18 de septiembre de 1931, una línea ferroviaria propiedad de una parte del gobierno japonés fue volada al norte de la ciudad de Shenyang. Japón culpó a los nacionalistas chinos, invadió Manchuria y estableció allí un estado vasallo japonés, Manchukwo, en 1932. El ex emperador chino Xuantong (Pu Yi) fue nombrado jefe de Estado, aunque tenía poco poder; los japoneses básicamente gobernaban.

A continuación, Japón invadió la propia China en 1937. Las tropas japonesas ocuparon la provincia de Jehol al sur de Manchuria. China no quiso ceder más territorio a Japón, y Japón sólo quería conquistar más territorio chino. Jehol fue anexionada a Manchukwo como unidad administrativa, y pronto Shangai y Pekín cayeron también en manos japonesas. Los japoneses conquistaron gran parte del este de China. A la toma de la capital china, Nankín, le siguió la Masacre de Nankín, en la que fueron asesinados cientos de miles de habitantes.

Esta invasión provocó que EE.UU., junto con las Indias Orientales Holandesas, instituyeran un boicot petrolero contra Japón, al que consideraban un agresor. Esto puso a Japón en una situación económicamente difícil: sin los suministros de petróleo que llegaban anualmente de EE.UU. y de las Indias Orientales Holandesas, Japón sólo tendría petróleo para 18 meses, y cuando eso terminara, Japón estaría completamente paralizado. Los estadounidenses también impusieron boicots comerciales a la chatarra, el acero y el combustible para aviones. Estas restricciones aislaron a Japón de las materias primas que necesitaba. Por ello, el emperador japonés Hirohito quería expulsar a los aliados del Pacífico mediante una poderosa ofensiva y establecer un gran imperio nipón-asiático.

En 1938 estalló un conflicto fronterizo por Manchukwo entre Japón y la Unión Soviética, siendo las principales batallas la del lago Chasan (1938) y la de Halhin Gol, ambas ganadas por la Unión Soviética. Este conflicto terminó con un tratado de no agresión en 1941 y la reticencia de Japón a seguir vigilando Siberia y los Urales, lo que permitió a José Stalin movilizar todos sus ejércitos siberianos contra la posterior invasión alemana.

9

La esfera de influencia japonesa antes de la guerra

Japón ya controlaba un amplio territorio al estallar la Segunda Guerra Mundial en 1939, mucho más grande que el Japón actual. Japón propiamente dicho, entonces incluido:

- El propio Japón
- las Kuriles
- la mitad sur de la isla de Sajalín
- Okinawa
- Iwo Jima
- Taiwán (Formosa)
- Corea.

También estaban las zonas de mandato que había adquirido tras la Primera Guerra Mundial (la zona de mandato del Pacífico Sur):

- las Islas Marshall.
- Las Islas Marianas (menos Guam, que era estadounidense)
- las Islas Gilberts

- Micronesia
- las Islas Palau

También estaban los territorios ocupados en China, como Manchuwko y Nanking, donde se fundó un estado vasallo chino llamado China-Japonesa.

En el sudeste asiático, tras la caída de Francia en Europa, la Indochina francesa (los actuales estados de Vietnam, Laos y Camboya) había sido cedida a Japón, que al mismo tiempo tenía a Tailandia de su lado bajo ocupación.Los japoneses querían establecer un gran imperio asiático. Esto incluiría las siguientes áreas que aún no estaban en manos de los japoneses:

- Indias Orientales Holandesas
- Las colonias británicas en Borneo
- Malacca
- Birmania
- India británica (actuales India, Bangladesh y Pakistán)
- China
- Mongolia

- Todo el territorio de la Unión Soviética al este del lago Bakú.
- Posesiones estadounidenses en el Pacífico: Filipinas, Wake, Guam, Midway y Hawaii
- Australia
- Nueva Zelanda
- Las posesiones francesas libres

Ataque a Pearl Harbor

El 27 de septiembre de 1940, Japón firmó el Pacto de las Tres Potencias con las potencias del Eje, Alemania e Italia. En él, los países se prometían mutuamente apoyo militar en caso de que uno de ellos fuera atacado.

Para eliminar la poderosa armada de su principal adversario, los estadounidenses, el principal objetivo de los japoneses era atacar la base naval estadounidense de Pearl Harbor en Hawai. En este caso, toda la flota estadounidense estaba anclada en el Océano Pacífico, estrechamente agrupada y, por tanto, era un objetivo ideal.

Japón envió sus siete portaaviones junto con dos escuadrones de la flota a Pearl Harbor, a través del noroeste.

Sin declaración oficial de guerra, el ataque sorpresa se produjo el 7 de diciembre de 1941. En ella, más de 200 aviones estadounidenses fueron destruidos, muchos cruceros hundidos o gravemente dañados y más de 2.400 estadounidenses muertos, frente a una pérdida de 29 aviones y cinco submarinos en el bando japonés. Sin embargo, la mayoría de los barcos estadounidenses no

fueron hundidos, sino que sólo sufrieron graves daños, y muchos volvieron a navegar con normalidad varios meses después e incluso participaron en la batalla de Midway.

En respuesta al ataque, los estadounidenses llevaron a cabo un bombardeo directo sobre Tokio, la *incursión Doolittle*. Este ataque no causó muchos daños importantes, pero fue un punto brillante que pudo levantar un poco la moral de los aliados después de las numerosas pérdidas.

El puerto

Situado a más de 3.600 km de San Francisco, Pearl
Harbor era popular entre los marineros estadounidenses.
Si el enemigo hundía un barco en la entrada del puerto, la
base quedaba inutilizada. Para llegar a mar abierto, la flota
necesitó tres horas. Una vez que la flota estaba dentro,
junto con todos los suministros y almacenes, formaba un
objetivo atractivo. Sin embargo, movilizar completamente
la flota y hacerla zarpar costaría millones de dólares, y
ningún comandante quería arriesgarse a dar esa orden
para nada .

El puerto

El almirante James Richardson, comandante de la base en mayo de 1940, consideraba que los barcos debían estar en puertos seguros de la costa oeste. Cuando acudió al presidente Franklin D. Roosevelt con sus objeciones, fue relevado de su cargo y sustituido por el almirante Husband Kimmel.

Cronología hasta el 7 de diciembre de 1941

Ya el 16 de octubre de 1941, los medios de comunicación estadounidenses estaban al tanto de la situación inminente. Por lo tanto, prestaron cierta atención a esta amenaza en sus artículos periodísticos. Sin embargo, el pueblo de Estados Unidos se sentía completamente protegido por sus militares y prestaba poca atención a los artículos. Henry Stimson, que era entonces secretario de Defensa de Estados Unidos, era muy consciente de la amenaza, ya que en respuesta a los artículos de prensa, habló: "*Ahora es el momento de esperar para que Japón haga el primer movimiento, tras lo cual podemos atacarles directamente.*

Japón y Estados Unidos seguían negociando entre sí, pero éstas no querían ir sobre ruedas. El 5 de noviembre se interceptaron seis mensajes en los que se decía que las negociaciones con Estados Unidos debían concluirse antes del 25 de noviembre.

El líder de la operación bélica japonesa, Yamamoto, quería hacerse con el control de toda la región del Pacífico Sur, por lo que desarrolló una estrategia para atacar Pearl Harbor, Filipinas y todos los demás lugares no japoneses de esta zona al mismo tiempo. El 7 de noviembre presentó su plan para ello y lo llamó Plan Z.

Plan "Z"

Nadie en la armada japonesa conocía Pearl Harbor mejor que Yamamoto. En el camarote de su buque insignia, Nagato colgó un mapa de la base en el que había hecho todo tipo de anotaciones. Dado que todo en la base se desarrollaba con una regularidad establecida, podía saber cuándo encontrar la mayor concentración de naves allí. Las defensas aéreas eran inadecuadas y creía que un ataque aéreo tenía muchas posibilidades de éxito. Se inspiró en el almirante Heihachiro Togo y bautizó su plan con el nombre de su señal Z durante la batalla de Tsushima (1905).

Al hacerlo, supo que veinticuatro aviones británicos hundieron tres acorazados en un ataque a la flota italiana en Taranto el 11 de noviembre de 1940, con una pérdida de sólo tres aviones. Los estadounidenses también reconocieron la importancia de este ataque, pero el almirante Kimmel se negó a instalar redes antitorpedo porque obstaculizarían la libertad de movimiento de sus buques.

Tácticas japonesas

Yamamoto prefirió ante todo dejar fuera de combate a los acorazados porque pensó que esto supondría un duro golpe para los americanos. Cuando presentó su plan para atacar Pearl Harbor con aviones que despegaran de portaaviones al capitán Minoru Genda, especialista en ataques aéreos, le aconsejaron que apuntara a los portaaviones estadounidenses porque representaban la mayor amenaza para la Armada Imperial japonesa.

Japón contaba con dos de los mayores portaaviones del mundo: el *Akagi* (36.500 toneladas), que podía transportar 91 aviones (mayor que el *Lexington* y el *Saratoga* estadounidenses) y el *Kaga*, de 38.200 toneladas. Junto con el *Hiryu*, el *Soryu*, el *Zuikaku* y el *Shokaku,* la Armada Imperial japonesa tenía seis portaaviones. Genda quería utilizar los seis en el ataque (441 aviones en total) junto con una fuerza avanzada de submarinos. Se preferían los torpedos porque eran más potentes y precisos que las bombas.

Aunque Yamamoto quería comandar él mismo el ataque, no pudo hacerlo porque tenía demasiadas otras responsabilidades. La elección recayó en el contralmirante Chuichi Nagumo. No era un experto en aviones, pero fue nombrado por su antigüedad. Se sintió consternado al escuchar la responsabilidad de su tarea, pero se consoló con la idea de que el ataque podría no llevarse a cabo. Después de todo, Japón aún no estaba en guerra con los Estados Unidos. Además, el plan aún no había sido aprobado por el mando supremo japonés.

Dudas en el Plan Z

El emperador Hirohito fue mantenido en la oscuridad por sus ministros y generales sobre sus planes concretos para eliminar la base estadounidense de Pearl Harbor. El 5 de septiembre de 1941, el emperador permitió al príncipe

Konoe una audiencia, durante la cual se horrorizó al saber que los preparativos para la guerra tenían prioridad sobre la diplomacia. Ante esto, convocó inmediatamente a algunos oficiales superiores, el general Sugiyama y el almirante Nagano, para que lo aclararan. Le aseguraron que una solución diplomática seguía siendo su opción preferida. Al día siguiente, en la Conferencia Imperial, la cuestión volvió a plantearse. Cuando se les preguntó si los preparativos de guerra eran preferibles a la diplomacia, Sugiyama y Nagano se callaron y dejaron que otros hablaran.

Entonces ocurrió algo casi inaudito. El emperador, que debía presidir la conferencia y no participar activamente en las deliberaciones, se levantó de su silla y tomó la palabra:

Lamentamos profundamente que el Mando Supremo no haya considerado oportuno aclararnos la cuestión.

Al hacerlo, citó parte de un poema:

Puesto que todos somos hermanos en este mundo, ¿por qué las olas y los vientos están tan inquietos?

Después de esta flagrante violación del protocolo, se produjo un minuto de silencio durante el cual la compañía trató de asimilar el inesperado arrebato de su emperador. Finalmente, el almirante Nagano tomó la palabra y aseguró a Hirohito su lealtad al emperador, que comprendían la importancia de la diplomacia y que lamentaban profundamente haber disgustado al emperador con su comportamiento. En ese momento, cerraron la reunión en lo que, según Konoe, fue un ambiente muy tenso.

Yamamoto había presentado su plan a Genda y posteriormente a la Marina, pero se encontró con mucha resistencia por parte de esta última. Muchos pensaron que el plan era demasiado audaz. Yamamoto estaba convencido de que, si se llegaba a la guerra, había que asestar un golpe devastador a Estados Unidos, lo que permitiría a Japón ocupar las Filipinas, Malaca y las Indias Orientales Holandesas sin oposición antes de que la Armada estadounidense pudiera recuperarse. Sus colegas seguían asumiendo el poder decisivo de los acorazados,

de los que Japón tenía dos en proyecto: el Yamato y el
Musashi.

Cronología hasta el 7 de diciembre de 1941 (continuación)

A pesar de la decisión de aplicar el Plan Z de todos modos, Japón siguió negociando con Estados Unidos para tratar de no despertar sospechas. En consecuencia, el 10 de noviembre se envió una propuesta de negociación a Cordell Hull, a la sazón Secretario de Estado estadounidense. Sin embargo, los estadounidenses ignoraron esta propuesta, por lo que 10 días después Saber Kurusu, el negociador japonés, hizo una nueva propuesta. Además, el plazo previsto para el 25 de noviembre se trasladó al 29 de noviembre.

Debido a la situación que se avecina, el Secretario de Defensa de los Estados Unidos volvió a hacer una declaración sorprendente: *La cuestión es cómo debemos maniobrar para que disparen el primer tiro, sin demasiado peligro ni daño para nosotros.* (La cuestión es, cómo debemos maniobrar para que se pongan en posición de disparar el primer tiro, sin demasiado peligro y daño para nosotros). Esto demuestra una vez más que Estados Unidos era muy consciente de la amenaza y también quería la guerra, sin ser "culpable".

Los medios de comunicación japoneses escribieron que el 25 de noviembre, la antigua fecha de finalización, una gran flota había salido del puerto japonés. Según ellos, navegó en parte hacia las Filipinas y en parte hacia el estrecho de Formosa, al sureste de China. En realidad, la flota partió sólo un día después. Ese día, Nagumo, vicealmirante de la flota japonesa, partió de la bahía de Hitokappu (単冠湾, *Hitokappuwan*) en el lado este de Etorofu con 6 portaaviones, 423 aviones, 2 acorazados, 28 submarinos, 2 cruceros y 11 destructores. Está claro que los portaaviones estaban relativamente sobrerrepresentados en esta flota, pero eso tenía sentido, ya que la intención era atacar con los portaaviones. Las otras naves se encargaron exclusivamente de proteger estos preciosos buques de guerra. Desde la salida, hubo un estricto silencio de radio entre los barcos, para que los americanos no se dieran cuenta y los rastrearan.

En respuesta a la propuesta de Kurusu, el 20 de noviembre, Hull presentó una contrapropuesta. Sin embargo, en él planteaba unas exigencias tan elevadas que estaba claro de antemano que Japón no las cumpliría. Otro indicio de que Estados Unidos intentaba iniciar una guerra sin dar el primer paso. Un día después de la propuesta de Hull, el secretario de guerra estadounidense Henry Stimson envió mensajes a la flota del Pacífico. En ellas, advertía de una posible acción hostil por parte de Japón.

Japón consideró que, tras el fracaso de las vías diplomáticas, no había otra alternativa que la guerra. A pesar de ello, siguieron llevando a cabo negociaciones con Estados Unidos para que pareciera que aún había intención de seguir la vía diplomática.

Algunas personas del gobierno estadounidense deseaban que se emitieran nuevos avisos de amenaza de guerra, pero los dirigentes del ejército se negaron, por temor a las falsas alarmas. Sin embargo, a partir de entonces, los indicios silenciosos de un ataque fueron cada vez más frecuentes. Por ejemplo, el FBI interceptó un mensaje sobre una guerra inminente, pero lo ignoró, ya que no quería crear pánico entre la población.

Debido a las amenazas de guerra cada vez más claras, la Marina de los Estados Unidos decidió que no permitiría ser atacada sin estar preparada. Por lo tanto, enviaron un portaaviones hacia Midway, al noroeste de Hawai. Otros dos portaaviones fueron enviados a otra zona. Todos estos movimientos de barcos demostraron de nuevo que Estados Unidos era consciente de la amenaza que suponía Japón. A pesar de estas medidas, todavía no estaban lo suficientemente alerta, como se vería más adelante. Para entonces, ya era el 5 de diciembre.

El 6 de diciembre, un telegrafista estadounidense descifró algunos mensajes japoneses que habían sido interceptados varios días antes. La desencriptación le dejó claro que había de nuevo indicios de guerra, pero su jefe no quería saber nada de ello. Por el contrario, exigió que el telegrafista pusiera fin a este mensaje. En lugar de prepararse para una guerra inminente, ahora se consideraba la idea de apoyar a Inglaterra si era atacada por Alemania.

El 6 de diciembre, Hirohito, entonces emperador de Japón, recibió un mensaje de la flota de Japón-Pacífico. Este mensaje fue rápidamente contestado. El 7 de diciembre, a las 10.32 y 12 segundos, hora local, Franklin D. Roosevelt leyó que Japón **no** declaraba la guerra a Estados Unidos, pero que había llegado a la conclusión de que ya no tenía sentido seguir negociando con Estados Unidos.

7 de diciembre

Una hora después de este mensaje, el presidente leyó un mensaje (interceptado) en el que se indicaba que a la 1 de la tarde se entregaría a Estados Unidos una declaración oficial de guerra. Sin embargo, no dio detalles sobre el lugar y la hora de un ataque de las fuerzas japonesas. En respuesta, Marshall ordenó que la flota del Pacífico estuviera en alerta extra.

Al mismo tiempo, se dieron cuenta de que un misterioso submarino japonés intentaba entrar en Pearl Harbor.

Algunos opinaron que este submarino estaba "perdido", pero una explicación más lógica parece ser que estaba buscando puntos débiles dentro de la flota estadounidense y más aún para saber si estaba preparada para la guerra. Sea como fuere, alrededor de las 12.00 horas, este submarino fue disparado por un destructor y hundido.Los oficiales de Pearl Harbor no tenían realmente miedo de este extraño submarino. Informaron del incidente al cuartel general muy tarde.

A las 12:02 horas, una estación de radar estadounidense detectó la primera oleada de ataques de la aviación japonesa. Estos eran los aviones que habían despegado de los portaaviones japoneses a las 11:00 horas. A las 12.20 horas, otro radar volvió a detectar esta oleada de aviones, esta vez más cerca del puerto.

Sin embargo, el oficial de guardia hizo caso omiso de esta imagen aterradora y no advirtió a nadie, probablemente porque ese día estaba prevista la llegada de varios B-17 procedentes de EE.UU. No fue hasta las 12.25 horas cuando Kimmel fue informado del incidente anterior con el submarino, pero aún así no se tomó ninguna medida. Todos los barcos estaban anclados en el puerto, lo que los convertía en un objetivo extremadamente vulnerable para los aviones que se acercaban.

A las 12:49 horas, los pilotos japoneses recibieron oficialmente el permiso para atacar; sobre esto, la primera ola de ataque japonesa atacó realmente Pearl Harbor desde el noroeste a las 12:55 horas. La segunda oleada siguió más de una hora después, a las 14:00 horas. Atacaron el puerto desde el noreste.

A las 14.45 horas, de los 96 barcos que había en el puerto, 18 habían sido hundidos o gravemente dañados. Además, 188 de los 394 aviones fueron destruidos y otros 159 resultaron dañados. Un total de 2402 soldados murieron como resultado de este ataque.

Hubo 1178 heridos. El elevado número de muertos se debió principalmente al hundimiento del acorazado USS *Arizona*. De hecho, 1177 personas murieron en el hundimiento de este barco .

Declaración de guerra de la Alemania nazi

El hecho de que Japón y Estados Unidos estuvieran ahora en guerra llevó a Hitler a declarar la guerra a los estadounidenses el cuarto día después del ataque.

De este modo, Estados Unidos volvió a involucrarse en una guerra europea (la primera vez fue la Primera Guerra Mundial), que hubiera preferido evitar.

Varia

La armada japonesa, al igual que el almirante Harold Rainsford Stark, el único estadounidense que advirtió de su posibilidad, se habría inspirado para el ataque en el ataque sorpresa británico de una escuadra de aviones Fairey Swordfish del portaaviones *HMS Illustrious* contra la

flota italiana en la batalla de Tarente el 11/12 de noviembre de 1940. Stark advirtió de la posibilidad de un ataque de este tipo en un memorando del 22 de noviembre de 1940, que, sin embargo, sería ignorado por el resto del almirantazgo estadounidense.

Conquista de Hong Kong

Ya el mismo día del ataque a Pearl Harbor, Hong Kong fue atacada en la costa china. Hong Kong era una colonia de la corona británica y un excelente puerto naval para atacar las posiciones japonesas alrededor de Formosa y en China. La ocupación japonesa de Cantón y Hainan había rodeado previamente a Hong Kong. A finales de noviembre de 1941, 3.000 canadienses se unieron a la guarnición británica de Hong Kong, que en ese momento contaba con unos 12.000 hombres.

La misma hora en que comenzó el ataque a Pearl Harbor, los bombarderos en picado japoneses también atacaron

Hong Kong con un devastador bombardeo sorpresa. Después de esto, sólo hubo agua potable durante un día, y Hong Kong se convirtió en una presa fácil para el ejército japonés. La infantería japonesa invadió la ciudadela de Kowloon, el distrito continental. El 18 de diciembre, los británicos tuvieron que entregar este distrito a los japoneses. Al cabo de pocas horas, los japoneses habían cruzado el canal y desembarcado en la isla de Hong Kong. La cabeza de puente se amplió rápidamente y, al mismo tiempo, una quinta columna se infiltró en las líneas británicas. El día de Navidad, la guarnición se rindió a los japoneses tras una tenaz resistencia.

Conquista de Filipinas, Malaca, Singapur y Birmania

Filipinas, territorio estadounidense, fue atacada por los japoneses en diciembre de 1941. Una serie de ataques anfibios obligaron al archipiélago a rendirse. Manila fue declarada ciudad abierta, y unidades del ejército japonés sin oposición entraron en la capital filipina. 80.000 soldados estadounidenses lograron retirarse a la fortaleza de Bataan y resistieron.

El comandante estadounidense Douglas MacArthur fue evacuado a Darwin en Australia el 11 de marzo de 1942. Poco después, el 8 de mayo, el nuevo comandante, el general Jonathan Wainwright, se rindió a los japoneses: 130.000 soldados aliados fueron hechos prisioneros de guerra y Filipinas pasó a formar parte del imperio japonés.

Batalla de Filipinas

La **Batalla de Filipinas** supuso la invasión de Filipinas por parte de Japón en 1941 - 1942 y la defensa de las islas por parte de las fuerzas filipinas y estadounidenses. Aunque se tradujo en una victoria japonesa, los vencedores se vieron retrasados por la incisividad de los defensores en otras zonas, además de contribuir a los contraataques aliados en el suroeste del Pacífico, desde finales de 1942.

Se considera la mayor derrota militar que ha sufrido Estados Unidos.

La defensa

A partir de mediados de 1941, tras la creciente tensión entre Japón y algunas otras potencias, como Estados Unidos, Gran Bretaña y los Países Bajos, muchos países del sudeste asiático comenzaron a prepararse para una posible guerra.

En diciembre de 1941, las fuerzas de defensa combinadas en Filipinas pertenecían al Ejército Filipino, comandado por el General Douglas MacArthur, que se había retirado como Jefe del Estado Mayor de los Estados Unidos en 1937, y aceptó el mando del Ejército Filipino. La tarea de MacArthur, encomendada por el gobierno de Filipinas, consistía principalmente en reformar y establecer un ejército compuesto principalmente por reservistas. El ejército tenía graves carencias de equipamiento, formación y organización, entre otras.

La guarnición estadounidense, que constaba de 22.532 soldados, también conocida como la División Filipina, estaba al mando del general de división George Grunert. Estaba formada principalmente por la División Filipina de los Estados Unidos, que estaba compuesta en parte por un número bastante elevado de filipinos, que servían de exploradores.

La guarnición fue reforzada por 8.500 soldados de la Reserva Nacional Continental de los Estados Unidos, formada en parte por las únicas unidades blindadas, dos batallones de tanques.

La *Fuerza Aérea del Ejército de los Estados Unidos en el Lejano Oriente* (FEAF), al mando del General de División Lewis H. Brereton, era la mayor formación aérea estadounidense fuera de los Estados Unidos, compuesta por 107 cazas P-40 y 35 bombarderos B-17.

MacArthur organizó a los defensores en cuatro unidades diferentes. La *Fuerza de Luzón Norte*, al mando del General de División Jonathan M. Wainwright, defendió los lugares de ataque más lógicos para los asaltos anfibios y las llanuras centrales. Esta zona también incluía la península de Bataan, el lugar apropiado para replegarse en caso de necesidad, que estaba situado cerca de la bahía de Manila.

Las fuerzas de Waintwright estaban formadas por las divisiones de infantería 11ª, 21ª y 31ª del ejército filipino, la

39

26ª división de caballería estadounidense (una unidad de reconocimiento), un batallón de la 45ª división de infantería (también una unidad de reconocimiento), dos baterías formadas por cañones de 144 mm y un cañón de montaña. La 71ª División de Infantería filipina también servía como reserva y sólo podía desplegarse por orden de MacArthur.

La *Fuerza de Luzón Sur*, al mando del general de brigada George M. Parker Jr. debía vigilar la zona al este y al sur de Manila. La fuerza de Parker estaba formada por las divisiones de infantería 41ª y 51ª del ejército filipino y dos baterías de la 86ª División de Artillería de EE.UU. (originalmente también una unidad de reconocimiento).

La unidad "Visayan-Mindanao", *al mando del general de brigada William F. Sharp, estaba formada por las divisiones de infantería 61 y 81 del ejército filipino y la división de infantería 101.*

Una unidad de reserva, bajo el mando directo de MacArthur, estaba compuesta por la División de Filipinas, la Fuerza *Aérea del Lejano Oriente* y unidades del Ejército de Filipinas y del cuartel general de la División de Filipinas, estacionados al norte de Manila. Cuatro regimientos de artillería estadounidenses vigilaban la entrada a Manila, incluida la isla de Corregidor.

Disputa de la Fuerza *Aérea del Lejano Oriente*

Tras el estallido de la guerra, el 7 de diciembre de 1941, Brereton animó a sus jefes a realizar bombardeos contra Formosa, entonces territorio japonés y donde sería muy posible que se lanzara un ataque japonés, pero su petición fue rechazada.

Esto resultó ser un gran error, ya que había muy pocos cañones antiaéreos en Filipinas, y la FEAF fue casi derrotada en tierra, a través de bombardeos aéreos durante los días siguientes.

La invasión

El 14º Ejército japonés, al mando del general Masahary Homma, comenzó su invasión desembarcando en la isla de Batan (no confundir con la península de Bataan), al norte de Luzón, el 8 de diciembre de 1941. Ese mismo día, la mitad de la fuerza aérea estadounidense en Luzón fue destruida por ataques aéreos japoneses, en parte

41

debido a errores de comunicación por parte de Estados Unidos y en parte porque los japoneses lograron sorprender a los estadounidenses.

El desembarco en tierra firme se produjo dos días después, el 10 de diciembre. Con la destrucción de la fuerza aérea estadounidense, los japoneses tuvieron la hegemonía en los cielos desde el principio.

Del 11 al 23 de diciembre, la mayor parte del territorio de Luzón cayó en manos de los japoneses, seguidos de desembarcos en el extremo sur de Luzón, en Legazpi, así como en el Golfo de Lingayen y en Mindanao.

La mayoría de las fuerzas aliadas se rindieron después de un tiempo, o fueron arrolladas por la superioridad japonesa. La División filipina estadounidense se posicionó en el paisaje para cubrir la retirada de las tropas, dirigiéndose hacia Bataan. Esto también se hizo desde el punto de vista de contrarrestar los avances japoneses en la zona de la bahía de Subic. El 23 de diciembre, MacArthur informó a sus comandantes en el terreno que estaba reactivando un plan de preguerra. Esto significaba que tenía la intención de defender sólo Bataan y

Corregidor, tanto el cuartel general como el gobierno filipino se dirigían hacia Corregidor. Sin embargo, un gran número de fuerzas de permanecieron en otras zonas durante algunos meses.

Batalla de Bataan

El 30 de diciembre, la 31ª División de Infantería filipina avanzó hasta las inmediaciones del paso de Zigzag para dar cobertura a los flancos de las fuerzas en retirada del centro y sur de Luzón. La División Filipina de los Estados Unidos organizó sus posiciones cerca de Bataan. La 31ª División avanzó entonces hasta una posición defensiva en el lado occidental de la carretera Olongapo-Manilla, cerca

43

del cruce de Layac, en el norte de la península de Bataan, el 5 de enero de 1942.

Uno se vio obligado a rendir el cruce el 6 de enero, pero la retirada a Bataan fue bastante exitosa. La 31ª División tomó una posición de reserva en la península para recuperarse de las pérdidas de los tiroteos en los flancos.

Del 7 al 14 de enero, los japoneses se concentraron en el reconocimiento y los preparativos para un ataque a la línea de defensa general de Abucay. Las fuerzas filipinas y estadounidenses lograron resistir los ataques nocturnos cerca de Abucay, entre el 10 y el 12 de enero, y el 16 de enero unidades de la División Filipina estadounidense contraatacaron. Sin embargo, esto resultó infructuoso y la división se vio obligada a retirarse a una posición de reserva en la zona de Cas Pilar-Bagec el 26 de enero.

Los japoneses, conscientes de las grandes pérdidas, emprendieron patrullas y ataques locales limitados en las semanas siguientes. Como la posición de los Aliados tenía que ir retirándose, el presidente estadounidense Franklin Delano Roosevelt ordenó a MacArthur que se trasladara de Corregidor a Australia, como Comandante Supremo del

Pacífico Sudoccidental. (El famoso discurso de MacArthur sobre Filipinas, en el que dijo "Vine de Bataan y volveré", fue pronunciado en Terowie, Australia del Sur, el 20 de marzo).

Wainwright recibió el mando de las fuerzas aliadas en Filipinas el 12 de marzo. Durante este período, las unidades de la División Filipina de los Estados Unidos fueron trasladadas de un lado a otro para defender también otros sectores.

Las fuerzas aliadas, ahora debilitadas por la mala alimentación, las enfermedades y una exposición al combate demasiado prolongada, se enfrentaron a una nueva oleada de ataques de los japoneses a partir del 28 de marzo.

El 3 de abril, los japoneses rompieron las brechas en las líneas aliadas a lo largo del Monte Samat. La División filipina estadounidense, que ya no operaba como una unidad coordinada, fue incapaz de montar un contraataque contra los feroces ataques del enemigo. El 8 de abril, la 57ª División de Infantería estadounidense y la 31ª División filipina fueron arrolladas en el río Alangan. La

45ª División de Infantería estadounidense se rindió finalmente el 10 de abril de 1942.

Corregidor estaba ahora defendido por 11.000 tropas compuestas por el 4º Regimiento de Marines de EE.UU., otra infantería, unidades de artillería de EE.UU. y hombres de la Marina de EE.UU. desplegados como infantería.

Los japoneses comenzaron su asalto a Corregidor con un bombardeo de artillería el 1 de mayo. En la noche del 5 al 6 de mayo, dos batallones del 61º Regimiento de Infantería japonés desembarcaron al noreste de la isla.

A pesar de la fuerte defensa, los japoneses consiguieron formar una cabeza de playa que pronto fue reforzada con tanques y artillería. Los defensores fueron rápidamente

46

empujados hacia la posición defensiva en la colina de Malinta.

Al final de la tarde del 6 de mayo, Wainwright pidió a Homma los términos de la rendición. Homma insistió en que la rendición debía significar la rendición de todas las fuerzas aliadas en Filipinas. Como Wainwright creía que todas las vidas de los habitantes de Corregidor estarían en peligro, aceptó los términos. El 8 de mayo, envió un mensaje a Sharp. Le ordenó que entregara la Unidad Visayan Mindanao. Sharp estuvo de acuerdo, pero muchos individuos continuaron la lucha en forma de guerra de guerrillas.

La rendición marcó el inicio de tres años y medio de opresión de los supervivientes aliados. Esta opresión también incluyó la Marcha de la Muerte de Bataan y las durísimas condiciones de vida de los campos de concentración japoneses.

Las fuerzas aliadas comenzaron la campaña para recuperar las Filipinas en 1944. Esto comenzó con los desembarcos en la isla de Leyte.

Importancia
47

La defensa de Filipinas fue la resistencia más duradera al Ejército Imperial Japonés en las primeras etapas de la Segunda Guerra Mundial. Tras el ataque en Abucay, los japoneses se limitaron a realizar operaciones de asedio mientras esperaban refuerzos y no reanudaron su ataque hasta abril, dando a MacArthur 40 días para preparar Australia como base de operaciones. La resistencia inicial en Filipinas dio a Australia un tiempo crucial para organizar su defensa. La resistencia filipino-estadounidense a los japoneses hasta la caída de Bataan el 9 de abril de 1942 duró más de tres meses.

En las colonias británicas de Malaca y Singapur, las defensas británicas se basaban en gran medida en el ataque por mar. El 8 de diciembre de 1941, los japoneses desembarcaron en la costa oriental de la península de Malaca (colonia británica, ahora parte de Malasia) Los japoneses desembarcaron lo más cerca posible del importante aeródromo de Kota Bharu. Una división blindada japonesa se desplazó rápidamente hacia el oeste, con la esperanza de cortar la 11ª división británica. Sin embargo, estos últimos consiguieron retirarse a tiempo, dejando el puerto de Penang desprotegido.

Preparación

La ciudad portuaria de Singapur era el principal puerto naval británico en el Pacífico. Los puertos de aguas profundas ofrecían un excelente acceso para los buques de guerra pesados y las amplias instalaciones portuarias permitían realizar reparaciones que, de otro modo, sólo estarían disponibles en Estados Unidos y Gran Bretaña.

La isla estaba fuertemente defendida contra un desembarco desde el mar. Se consideraba el "Gibraltar del Este".

Estas instalaciones y sus defensas eran bien conocidas en Japón y los planificadores japoneses estaban planeando un desembarco en Malaca.De hecho, todas las defensas habían sido construidas contra un desembarco desde el mar, no contra un ataque a través de la Malaca infestada de malaria.

La propia península tenía también un gran valor, ya que producía el 43% de la producción mundial de estaño. Malaca era también una importante fuente de caucho. Las plantaciones de caucho eran de gran valor para ambas partes; Malaca producía más del 30% del caucho del mundo. Las plantaciones de caucho se consideraban tan importantes que no se permitía al ejército británico ejercer en ellas, o sólo mínimamente.

En los años previos a la Segunda Guerra Mundial, los británicos elaboraron varias estrategias de defensa. Una de ellas era una respuesta en caso de que Japón atacara a través de Malaca: la operación Matador. El plan también preveía un aumento de los recursos, especialmente más de 670 aviones, necesarios para repeler un gran ataque japonés. El gobierno británico redujo ese número a 350, y se construyeron una serie de aeródromos en Malaca para estos aviones. Sin embargo, Churchill dio prioridad primero a la lucha en la Batalla de Inglaterra, y después a la ayuda a la Unión Soviética y a la lucha en Oriente Medio.

La Operación Matador también preveía una incursión defensiva en el sur de Tailandia para impedir un desembarco japonés en esa zona. Esta tarea se encomendó a la 11ª División India del Tercer Cuerpo de Ejército Indio, ya responsable de la defensa del norte de Malaca. La forma en que esta división iba a realizar dos tareas simultáneamente seguía sin estar clara en el plan.

El comandante británico sí coordinó sus planes de defensa con los defensores holandeses en las Indias Orientales Holandesas.

La Aviación Militar del Real Ejército de las Indias Orientales Neerlandesas (ML-KNIL) disponía de unos 450 aviones, divididos en diferentes grupos de aviones. En total, el gobierno holandés había encargado 144 Brewsters de los tipos 339C y 339D. Sin embargo, al estallar la guerra, sólo se habían entregado 71, de los cuales sólo unos 50 estaban listos para ser utilizados.

El 25 de diciembre de 1941, los 9 Brewster 339D de la 2-VLG-V, junto con los 12 pilotos de la división, fueron

52

enviados a Kallang para ayudar a los británicos a defender Singapur contra los japoneses. Estos cazas estaban equipados con bastidores de bombas y, por tanto, también podían utilizarse como bombarderos en picado.

Durante varias operaciones fuera de Singapur, los Brewsters holandeses llevaron a cabo varias operaciones, incluyendo el hundimiento de un destructor japonés y el derribo de cuatro aviones japoneses.

Mientras defendía Singapur, un piloto de Brewster perdió la vida. El 18 de enero de 1942, los aviones restantes fueron llamados a Java para hacer frente a la escasez holandesa. Además de los cazas Brewster, también se utilizaron algunos bombarderos de otros grupos de aviones ML-KNIL para defender Singapur.

Malaca fue defendida por el Tercer Cuerpo de Ejército Indio. Esto fue reforzado con unidades de Australia.

Los británicos reforzaron la defensa de la isla, pero no fueron demasiado diligentes en ello. En palabras de un suboficial británico:

"Espero que no nos hagamos demasiado fuertes en Malaca, porque entonces los japoneses no se atreverán a hacer un desembarco".

El ambiente general en la isla era de una sensación de superioridad colonial sin problemas y sin fundamento.

En el lado japonés, tampoco todo fue color de rosa. Los planes para el ataque a Malaca fueron confiados al General Yamashita. La relación entre él y su superior Tojo era desconfiada y hostil.

El 2 de noviembre de 1941, Yamashita recibió el mando del 25º Ejército (第25軍, *arma Dai-nijyūgo*) para el ataque a Malaca y Singapur. Al mismo tiempo, Masaharu Homma recibió el mando del 14º Ejército para el ataque a Filipinas, y Hitoshi Imamura recibió el mando del 16º Ejército para el ataque a las Indias Orientales Holandesas.

Yamashita tuvo poco tiempo para prepararse. Sin embargo, organizó la cobertura aérea de la 3ª Flota Aérea con 459 aviones y de 159 aviones navales.

La isla de Hainan, a medio camino entre Japón y Malaca, debía servir de base de operaciones. Renunció a dos de las cinco divisiones ofrecidas, concluyendo que la capacidad de suministro para ellas era insuficiente. El 25º Ejército estaría formado por la 18ª División al mando del general Renya Mutaguchi, la 5ª División al mando del general Takuro Matsui y una división de la Guardia Imperial al mando del general Takuma Nishimura.

Los oficiales no se conocían entre sí; el trabajo de Yamashita era forjarlos en una unidad. Sin embargo, la cooperación con Nishimura resultaría problemática a lo largo de la campaña. El conde general Hisaichi Terauchi, comandante del Ejército del Sur, tenía en su plantilla a un coronel que había estudiado la guerra de la selva en Hainan. Yamashita se benefició mucho de esto, pero también sabía que Terauchi estaba utilizando a este coronel como espía.

En Singapur vivían varios miles de japoneses, por lo que Yamashita disponía de una información bastante fiable. Por lo tanto, rápidamente llegó a la conclusión de que necesitaba cruzar no 30 puentes, sino 500 puentes en su camino de norte a sur.

El 4 de diciembre de 1941 embarcó el 25º Ejército.La coordinación era muy importante, ya que el desembarco en Malaca tenía que producirse casi simultáneamente con el ataque a Pearl Harbor, a pesar de la gran distancia y los diferentes husos horarios.

El 6 de diciembre de 1941, un avión de reconocimiento australiano observó la flota japonesa de 25 buques de transporte, acompañada por un crucero pesado, cinco cruceros y buques menores.El almirante británico Sir Thomas Phillips y el almirante estadounidense Thomas C. Hart concluyeron a partir del rumbo que el objetivo era la neutral Tailandia o Malaca.

Posteriormente, el Repulse fue retirado de su viaje a Darwin. Cuatro destructores estadounidenses fueron enviados a la zona de operaciones. El 7 de diciembre de 1941, la flota japonesa fue avistada de nuevo.Otros reconocimientos de la aviación británica fracasaron debido al mal tiempo.El Mariscal del Aire Sir Robert Brooke-

Popham decidió no proceder a una invasión defensiva de la neutral Tailandia.

Las batallas por Malaca

El 7 de diciembre de 1941, dos divisiones de infantería japonesas desembarcaron en Malaca. Al desembarcar en Kota Bahru, los japoneses perdieron entre 300 y 800 hombres debido a la feroz resistencia del batallón indio Dogra y a los ataques aéreos británicos.

En los combates posteriores, las unidades británicas se mostraron prácticamente impotentes ante el ejército japonés.

La mala coordinación por parte de los británicos hizo que el 9 de diciembre de 1941 los japoneses atacaran con éxito el aeropuerto de Singapur y que la RAF perdiera casi todos sus aviones de combate con base en Singapur.

Los días 11 y 12 de diciembre de 1941, las tropas británicas sufrieron una humillante derrota en la batalla de Jitra, a pesar de la práctica falta de artillería en el bando japonés.

Una incursión el 8 de diciembre de 1941 de los acorazados británicos *Prince of Wales* y *Repulse* en un intento de interceptar a una flota de invasión japonesa provocó su hundimiento el 10 de diciembre de 1941 en un ataque de la aviación japonesa.

La defensa británica simplemente se precipitó a Singapur después de la batalla de Jitra. Todas las posiciones defensivas fueron rápidamente flanqueadas o atravesadas por las bien entrenadas unidades japonesas. El buen entrenamiento de las tropas japonesas en la selva resultó ser de gran valor. A medida que las tropas japonesas fueron ganando terreno, también se hicieron con el control de los campos de aviación recién construidos, afirmando así su superioridad aérea.

El 11 de enero de 1942, los japoneses tomaron la capital malaya, Kuala Lumpur. Mientras tanto, Yamashita tenía considerables problemas de abastecimiento, pero la captura de esta ciudad lo resolvió de varias maneras.

Las unidades australianas consiguieron atrapar en dos ocasiones a la vanguardia japonesa, pero también fueron cazadas sin piedad hacia el sur después de esto.

Las batallas por Singapur

El 31 de enero de 1942, las últimas tropas británicas se retiraron desmoralizadas de Malaca por un dique de piedra que conectaba la isla de Singapur con el continente.

El comandante de las fuerzas australianas resumió la derrota aliada de esta manera:

"Toda la operación parece increíble: 550 millas empujadas hacia atrás en 55 días por un pequeño ejército japonés de dos divisiones, montando en bicicletas robadas y sin apoyo de artillería".

Percival extendió a sus hombres por toda la franja costera de la isla, de 70 km, lo que hizo que las defensas se diluyeran.

El 8 de febrero de 1942, las tropas japonesas cruzaron el estrecho que separa Singapur de Malaca (Estrecho de Johore).Ya 2 días después, el 10 de febrero de 1942, los británicos se vieron obligados a retirarse de la parte norte de la isla en una segunda línea defensiva.Al día siguiente,

11 de febrero de 1942, los japoneses al mando de Tomoyuki Yamashita ya estaban en las afueras.

El 13 de febrero de 1942, sabiendo que sus suministros estaban en serios problemas, Yamashita pidió al comandante británico, el teniente general Arthur Percival, que "cesara esta inútil y desesperada resistencia".

Al día siguiente, los aliados consiguieron mantener su posición en una pequeña zona del lado sur de la isla, pero el 14 de febrero de 1942 volvieron a perder terreno.Sus principales asesores aconsejaron a Percival que se rindiera, también para minimizar las bajas civiles.Percival no recibió permiso para rendirse de Winston Churchill.

Al día siguiente, los aliados siguieron luchando, con un aumento de las bajas civiles.Un millón de civiles se concentraron en la pequeña zona en la que los aliados resistieron a pesar de los bombardeos y la artillería.El suministro de agua se puso en peligro. Las tropas japonesas mataron a doscientos pacientes y al personal del "Alexandra Barracks Hospital" mientras el ejército británico instalaba nidos de ametralladoras en el primer y segundo piso.

61

En la mañana del 15 de febrero de 1942, las tropas japonesas rompieron las últimas defensas británicas en el norte.Los aliados estaban ahora también gravemente escasos de alimentos y de algunos tipos de munición.Tras reunirse con sus subordinados, Percival se puso en contacto con los japoneses y poco después de las 17:15 hora local, firmó la rendición.

Unos 130.000 soldados indios, australianos y británicos fueron hechos prisioneros de guerra: la mayor rendición de soldados británicos de la historia.

Impacto

La fortaleza de Singapur había sido el nexo de unión del Mando Americano-Británico-Holandés-Australiano (ABDACOM).Con la caída de Singapur, surgieron problemas de coordinación en este mando.En pocas semanas, cayeron las Indias Orientales Holandesas. Esto dejó los recursos petroleros estratégicos de las Indias Orientales Holandesas en manos de los japoneses.

La zona de mando aliada estaba dividida geográficamente en dos partes, en el Océano Índico y en el Pacífico. Los estadounidenses tomaron el mando en la zona del

62

Pacífico y Australia, el Mando de Zona del Pacífico Sudoccidental; los británicos tomaron el mando en las zonas limítrofes con el Océano Índico, el Mando de Asia Sudoriental.

Rebautizaron la Singapur ocupada por los japoneses como *Syonan-to* (昭南島 *Shōnan-tō*), "Luz de la Isla del Sur".

Yamashita adquirió el apodo de "Tigre de Malaca". Fue trasladado a un puesto en la frontera sino-rusa, donde no murió en acción. El 23 de febrero de 1946, los estadounidenses le condenaron a la horca por los crímenes de guerra de sus hombres en Filipinas.

Todavía hoy, las fuentes anglosajonas suelen atribuir el rápido avance de Japón a través de Malaca y Singapur a la superioridad aérea japonesa y a la superioridad de los carros de combate japoneses. Las fuerzas japonesas, al menos al principio, no tenían tanques ni artillería. Sin embargo, tenían experiencia y estaban entrenados en la guerra en la selva.Los británicos tenían campos de aviación, aviones, dos acorazados y suficientes suministros al principio. Los japoneses operaban a 500 millas de su base más cercana.

Por la rapidez con la que Yamashita consiguió avanzar, privó a los británicos de la oportunidad de tomar buenas posiciones y reforzarlas suficientemente. Consiguió minimizar sus puntos débiles y aprovechó al máximo las debilidades británicas.

La batalla se considera una de las mayores derrotas de las fuerzas británicas en la historia.

Tras la captura japonesa de Penang, comenzó el avance hacia Singapur. Llamado "el puerto naval más fuerte de Oriente" por Churchill, ningún británico esperaba que el puerto cayera en manos de los japoneses. La defensa de Singapur era principalmente contra un desembarco desde el mar, no un ataque a través de Malaca, y eso fue exactamente lo que hicieron los japoneses: Durante su avance, los transportes anfibios siguieron llegando a las líneas británicas, obligándolas a retirarse. Desde Kota Bharu, una segunda unidad japonesa avanzaba simultáneamente hacia el sur por el ferrocarril interior. El

29 de diciembre de 1941, los japoneses se reunieron alrededor de Johoro desde tres direcciones diferentes.

Antes, el 10 de diciembre de 1941, los modernos acorazados británicos HMS Repulse y HMS Prince of Wales ya habían sido hundidos por la aviación japonesa, reduciendo en gran medida las defensas marítimas de Singapur contra un desembarco.En Singapur se pensaba que la ciudad estaba bien defendida y que nunca sería atacada. La ciudad contaba con una fuerza de defensa de 85.000 hombres y una fuerza aérea de 141 aviones obsoletos. Sin embargo, el 8 de diciembre de 1941, se lanzó un ataque aéreo japonés contra Singapur. Singapur resistió durante más de dos semanas mientras los japoneses cruzaban el estrecho de Jehore, pero el 15 de febrero de 1942 Singapur capituló ante los japoneses, una dura derrota para los británicos.

En enero de 1942, los japoneses invadieron la colonia británica de Birmania (Myanmar). Rangún cayó en marzo. Con los refuerzos de las tropas tailandesas aliadas y las tropas japonesas que estuvieron disponibles tras la captura de Singapur, los japoneses pudieron entonces tomar la mayor parte de Birmania en pocos meses. A esto le siguió una caótica retirada de los defensores británicos y chinos hacia la India y China. Los japoneses comenzaron a construir un ferrocarril de Bangkok a Rangún en 1943 para abastecer a las tropas para una invasión de la India. Este *ferrocarril de la muerte sirvió* de inspiración para la película *El puente sobre el río Kwai.*

Conquista de las Indias Orientales Holandesas

Las Indias Orientales Holandesas (Indonesia) eran ricas en petróleo y, por tanto, ocupaban un lugar vital para Japón durante la Segunda Guerra Mundial. Anteriormente se había intentado, mediante consultas políticas, incorporar las Indias a la esfera de influencia japonesa, pero Estados Unidos se opuso con vehemencia y amenazó con todo tipo de sanciones.

Las Indias Orientales Holandesas no estaban en el mejor estado de defensa debido a la invasión alemana de los Países Bajos y al escaso margen de maniobra del gobierno en Londres. A esto se añade el hecho de que gran parte de la marina y la fuerza aérea estaban bajo control británico o australiano en lugares como Singapur, ya que esos lugares se consideraban de mayor importancia estratégica que las Indias Orientales Holandesas. En total, la defensa de Indonesia (Indias Orientales) consistía en 30000 hombres del Real Ejército de las Indias Holandesas (KNIL), soldados de la policía nativa de la "Landstorm", 79 bombarderos (y más tarde diez australianos) y la Marina Real, incluido el crucero ligero Tromp.

Los ataques japoneses a las Indias Orientales Neerlandesas comenzaron el 10 de enero de 1942, cuando las tropas japonesas desembarcaron en los alrededores de Tarakan, en Borneo. Sin embargo, los japoneses no se hicieron con su premio: los holandeses incendiaron deliberadamente el petróleo de Tarakan, que se extraía a poca profundidad.Al mismo tiempo, los japoneses llevaron a cabo desembarcos en Célebes, cerca de la ciudad de Manado, que era importante por su bahía protegida y su base para hidroaviones.El 11 de enero de 1942, los japoneses llevaron a cabo aquí su mayor desembarco y capturaron Manado.

Invasión de Sumatra en 1942

Tras el ataque japonés a Pearl Harbor, Holanda declaró la guerra a Japón al día siguiente. Las Indias Orientales Holandesas eran un objetivo atractivo para Japón por la presencia de materias primas. La guerra comenzó con el desembarco japonés en Borneo el 17 de diciembre de

1941. Sin embargo, estaba claro que pronto le seguirían otras islas.

Desde principios de 1942, comenzaron los preparativos para la defensa. En Aceh y la Costa Este (Sumatra del Norte), el Mando Territorial estaba en manos del coronel Vic Gosenson desde 1936. A principios de febrero, el general de división Roelof Overakker fue trasladado de Java Oriental a Sumatra Central y asumió allí el mando militar. En el sur de Sumatra, el teniente coronel L.N.W. Vogelsang estaba al mando.

Las defensas de Sumatra, como las del resto del archipiélago, estaban débilmente organizadas. Estaba

69

claro que tenían pocas posibilidades contra el ejército japonés. Debido a los recortes presupuestarios, el Real Ejército de las Indias Orientales Holandesas (KNIL) disponía de pocas armas modernas. Poco antes de que estallara la guerra, se organizaron las llamadas *fiestas de destrucción*. Eran civiles indonesios encargados de destruir importantes puentes, carreteras, refinerías de petróleo y otros puntos de apoyo antes de que cayeran en manos de los japoneses. Debido a que un gran número de vp fueron trasladados a Java antes de tiempo, ya que los combates también habían estallado allí, pudieron hacer poco en Sumatra.

Batalla de Palembang

La batalla por Sumatra comenzó con la batalla de Palembang. Palembang era un lugar estratégicamente importante por la presencia de una refinería de petróleo. Las fuerzas aliadas habían centrado allí sus defensas aéreas en torno a dos aeródromos. La Real Fuerza Aérea Australiana estacionó 40 bombarderos Bristol Blenheim y 35 Lockheed Hudsons en la isla. Otros aviones de las fuerzas aéreas británicas, australianas y neozelandesas le siguieron posteriormente. El KNIL tenía unos dos mil hombres estacionados alrededor de los aeródromos.

Los primeros ataques aéreos japoneses tuvieron lugar el 6 de febrero. En la mañana del 13 de febrero, el buque británico *HMS Li Wo*, al mando del teniente Thomas Wilkinson, se encontró con el convoy de invasión japonés. A pesar de su escaso armamento, el buque abrió el ataque y puso a uno de los buques de transporte japoneses en fuego ligero, mientras que varios otros resultaron dañados. Cuando se quedó sin munición después de 90 minutos, Wilkinson dio la orden de embestir al barco de transporte más cercano antes de que su propio barco fuera destruido por el fuego japonés.

Mientras la aviación aliada atacaba la flota de invasión japonesa, la fuerza aérea japonesa, el 13 de febrero, lanzó unos cientos de paracaidistas. Ciento ochenta japoneses desembarcaron entre Palembang y Pangkalan Benteng y más de 90 al oeste de la refinería de petróleo en Pladju. Dos horas después del primer aterrizaje, otros 60 paracaidistas fueron lanzados cerca del aeródromo. No lograron tomar el aeródromo, aunque la refinería de petróleo cayó en sus manos sin daños. Un apresurado contraataque de los miembros de la Landstorm y de las tropas antiaéreas tuvo éxito hasta el punto de que el complejo fue retomado. Poco más se supo de la destrucción premeditada de la refinería en caso de un ataque japonés.

Desde el ABDACOM, la estructura de mando conjunta de los aliados, se ordenó a todos los aviones aliados que se desviaran a Java, donde se esperaba un gran ataque japonés. Otros militares fueron evacuados a través de East Port hacia Java o las Indias Orientales Británicas. Esto marcó la caída de facto de Palembang.

Lucha en el centro y norte de Sumatra

En Sumatra Central, el general de división Overakker, que tenía a su disposición entre 2.500 y 3.000 soldados del KNIL, consideró que tenía muy pocos hombres para defender las costas oriental y occidental de la isla. Por lo tanto, decidió concentrar sus tropas en la costa occidental y luego retirarse lentamente a Emmahaven y Pedang para defender los puertos de allí. Gosenson en el norte de Sumatra sólo tenía unos mil soldados a su disposición.

Los acontecimientos más allá del control de los holandeses en Sumatra determinaron su destino. Durante las diversas batallas navales, la mayor parte de la flota aliada fue destruida. En Java, la principal isla del archipiélago, el KNIL fue invadido por los japoneses. El 9 de marzo, se rindieron bajo el mando del teniente general Hein ter Poorten. En Sumatra, el general de división Overakker y el coronel Gosenson habían acordado de antemano seguir luchando en caso de capitulación. El plan era retirarse al valle de Alas, una zona montañosa y escarpada cerca de Blangkedjeren, y comenzar una guerra de guerrillas desde allí.

Ciertamente, en un Aceh, incluso durante la Guerra de Aceh, los holandeses se habían hecho muchos enemigos. El mayor japonés Fujiwari Iwaiwchi había establecido una organización nacionalista en Malaca en diciembre de 1941, que ahora se oponía activamente a los holandeses. Además, las tropas que venían del sur tenían que recorrer largas distancias. En consecuencia, pocos soldados del KNIL lograron llegar al valle.

Los primeros japoneses, pertenecientes al 25º Ejército, pisaron Sumatra del Norte el 12 de marzo. En total, sumaban unos diez mil hombres. Rápidamente capturaron grandes partes de la costa noreste y luego se desplazaron hacia el interior. Las fuerzas japonesas también podían contar con apoyo aéreo. Por lo tanto, pronto quedó claro para Gosenson y Overakker que su misión no tenía ninguna posibilidad de éxito. Se rindieron en Kutatjane el 28 de marzo, dejando Sumatra totalmente en manos de los japoneses.

Batalla de Borneo

Borneo era un objetivo atractivo. Estaba débilmente defendida y ofrecía muchas oportunidades para la extracción de petróleo. El petróleo era crucial para que Japón pudiera mantener la guerra a largo plazo. Además, la captura de Borneo era necesaria para controlar las rutas

marítimas clave hacia islas como Java, Sumatra y Célebes.

Las fuerzas aliadas se unieron bajo una estructura de mando conjunta denominada ABDACOM (Mando Americano-Británico-Holandés-Australiano) en diciembre de 1941. El Mariscal del Aire Robert Brooke-Popham había enviado varias unidades del ejército a Borneo a finales de 1940. Estos estaban principalmente estacionados alrededor de Kuching. La fuerza total del ejército tenía un tamaño de unos 1.050 efectivos. El gobierno del Rajá Blanco había enviado unos 1.500 hombres más organizados como los Rangers de Sarawak.

75

Las fuerzas holandesas se habían centrado en el aeródromo de Singkawang II, que estaba cerca de la frontera con Sarawak. Ese aeródromo fue defendido por más de 700 hombres. El 25 de noviembre llegaron cinco cazas Brewster F2A y 10 bombarderos Martin B-10. El Servicio Aéreo Naval tenía una base en Pontianak, con tres lanchas voladoras Dornier Do 24 y protegida por una guarnición de la KNIL formada por casi 500 soldados y dirigida por el Teniente Coronel Dominicus Mars

Combate

La fuerza principal de la invasión japonesa, al mando del general de división Kiyotake Kawachguchi, estaba formada por la 35ª Brigada de Infantería. Salió de la bahía

76

de Cam Ranh, en la Indochina francesa, el 13 de diciembre y estaba formada por 10 buques de transporte. Iba escoltado por un crucero, cuatro torpederos y un submarino. El grupo de apoyo estaba formado por dos cruceros y dos torpederos. Los primeros objetivos fueron Miri y Seria, dos ciudades de la costa norte de Borneo con grandes yacimientos petrolíferos cercanos.

Inmediatamente después del ataque a Pearl Harbor, los británicos ya habían procedido a destruir las instalaciones mineras de Ollie, justo a tiempo ya que los japoneses llegaron una semana después y tomaron ambos lugares sin apenas resistencia. Otro objetivo era Kuching y los aeródromos cercanos. Sin embargo, el convoy que se dirigía a él fue descubierto y atacado por los bombarderos holandeses Martin B-10, pero con pocos daños. Más éxito tuvieron las tres lanchas volantes Dornier Do 24 que siguieron, aunque una fue derribada. Otro barco volador hizo un impacto directo, hundiendo el torpedero *Shinonome*. Las dos lanchas volantes restantes siguieron atacando a los japoneses en Miri los días 18 y 19 de diciembre, pero luego se retiraron a Sumatra, ya que los japoneses habían descubierto el aeródromo de Sinkawang II y procedieron a atacarlo inmediatamente.

77

Un convoy japonés partió de Miri el 22 de diciembre en dirección a Kuching, pero fue detectado por un barco volador holandés. Esto hizo que el submarino holandés *Hr.Ms K XIV* se infiltrara en el convoy la noche del 23 de diciembre y hundiera dos buques de transporte, matando a cientos de japoneses. Sin embargo, la mayor parte de la fuerza llegó a Kuching y los británicos presentes allí fueron arrollados y tuvieron que abandonar la ciudad. Los supervivientes del 15º Regimiento del Punjab se retiraron a Sinkawang

La noche siguiente, otro submarino holandés, el *Hr.Ms K XVI, consiguió hundir* el torpedero japonés *Sagiri* a 50 kilómetros al norte de Kuching. El 25 de diciembre, el K XVI fue a su vez perseguido hasta el fondo del mar por un submarino japonés. Los 36 miembros de la tripulación perdieron la vida. El 24 y el 28 de diciembre, bombarderos B-10 de Singapur bombardearon a los japoneses en Kuching. El 26 de diciembre, los bombarderos aliados hundieron un dragaminas y un carguero.

Mientras tanto, el 31 de diciembre de 1941, una fuerza japonesa se desplazó más al norte para tomar también Brunei, Labuan y Jesselton (hoy conocida como Kota

Kinabalu). El 18 de enero de 1942, los japoneses desembarcaron en pequeños barcos de pesca cerca de Sandakan, el centro gubernamental del norte de Borneo. Aunque los británicos tenían una fuerza de poco menos de 650 hombres, apenas hubo resistencia y el gobernador británico Charles Robert Smith se rindió.

Sinkawang también había caído el 29 de diciembre, tras lo cual las tropas holandesas y británicas restantes se retiraron a la selva y se dirigieron al sur, a Sampit y Pangkalanbun. El sur y el centro de Kalimantan, mientras tanto, fueron atacados por Japón desde el oeste y el este. El 29 de enero de 1942, Pontianak cayó como la última ciudad importante de Borneo. Las últimas tropas aliadas
79

que se habían retirado a la selva se rindieron el 1 de abril de 1942.

En los días siguientes, los japoneses lanzaron ataques contra lugares de las Indias Orientales Neerlandesas donde se extraía petróleo o que tenían una importancia estratégica, como Balikpapan y Pemangkat (Borneo) y Kendari (Célebes).El 29 de enero, una fuerza conjunta australiana/holandesa fue derrotada en Ambon, lo que puso a Australia al alcance de los aviones japoneses.Se produjeron intensos combates en torno a la ciudad de Palembang, en el sur de Sumatra, donde no sólo había petróleo sino también dos refinerías.

Timor Holandés fue atacado junto con Timor Portugués, en poder de las tropas australianas, el 12 de diciembre de 1942.

Las débiles defensas no fueron rivales para los japoneses, que estaban mejor armados, y Timor capituló. El intento de evitar un desembarco japonés en Java fracasó y, el 28 de febrero de 1942, las tropas japonesas desembarcaron en Eretan Wetan, centro neurálgico de las Indias Orientales Holandesas. La batalla duró más de una semana, y la decisión de los holandeses de defender únicamente la zona de Java Occidental, más importante desde el punto de vista estratégico y económico, frenó en gran medida el avance japonés. Sin embargo, el envalentonado KNIL no pudo evitar que Java cayera también en manos de los conquistadores.

A finales de febrero, los japoneses controlaban la mayor parte de Timor Holandés y los alrededores de Dili en el noreste. Sin embargo, no podían desplazarse hacia el sur y el este de la isla sin temor a ser atacados. La 2/2ª (compañía independiente) se escondió en las montañas de Timor portugués y comenzó los ataques contra los japoneses, apoyados por guías y porteadores timorenses con ponis de montaña timorenses.

Aunque los funcionarios portugueses seguían siendo oficialmente neutrales y responsables de los asuntos civiles, los colonos y los timorenses portugueses simpatizaban en su mayoría con los Aliados, lo que les permitía utilizar el sistema telefónico local para comunicarse entre ellos y recabar información sobre los movimientos japoneses. Sin embargo, no pudieron ponerse en contacto con el mundo exterior, debido a la falta de equipos de radio que funcionaran.

La ofensiva japonesa

En agosto, las fuerzas japonesas habían comenzado a quemar pueblos que habrían proporcionado ayuda a los aliados. El comandante de la 48ª División de Japón, el teniente general Yuichi Tsuchihashi, había llegado para hacerse cargo de las operaciones en Timor. Movilizó las tropas al este de Timor Holandés para atacar las posiciones holandesas en el centro sur de la isla. La ofensiva terminó el 19 de agosto, tras capturar la ciudad central de Maubisse y el puerto meridional de Beco.

A finales de agosto, las cosas se complicaron cuando estalló una rebelión contra los portugueses entre la población indígena, iniciando un conflicto paralelo. Los japoneses también estaban reclutando un gran número de civiles timorenses como exploradores para observar y transmitir los movimientos de los aliados.

En septiembre, el grueso de la 48ª División japonesa llegó para hacerse cargo de la campaña. Los australianos también enviaron refuerzos el 23 de septiembre, en forma de la 2/4ª Compañía Independiente de 450 hombres, conocida como Fuerza Lancer. El destructor *HMAS*

Voyager encalló en el puerto sur de Betano durante el desembarco del 2/4.

En octubre, los japoneses habían conseguido reclutar un número significativo de civiles timorenses para luchar, sin embargo, éstos sufrieron graves pérdidas en los ataques frontales contra los aliados. También se presionó a los colonos para que ayudaran a los japoneses, y al menos 26 civiles portugueses fueron asesinados en los primeros seis meses de la ocupación, entre ellos funcionarios locales y un sacerdote católico. El 1 de noviembre, el Mando Supremo Aliado aprobó la entrega de armas a los oficiales portugueses.

Los días 11 y 12 de diciembre, el resto de la *fuerza* original *del Sparrow*, a excepción de algunos oficiales, fue evacuada con un número de civiles portugueses, por el destructor holandés *Hr.Ms. Tjerk Hiddes*.

Para entonces, las posibilidades de un Timor aliado eran escasas, ya que ahora había 12.000 soldados japoneses en la isla y los comandos estaban cada vez más en contacto con el enemigo.

Los japoneses también desembarcaron en Nueva Guinea Holandesa cerca de Hollandia y comenzaron a avanzar hacia la parte australiana. El 23 de enero de 1942, los japoneses ocuparon el puerto de Rabaul sin encontrar mucha resistencia. Este puerto era uno de los mejores puertos naturales del mundo y clave para controlar el archipiélago de Bismarck. Por lo tanto, fue rápidamente capturada a las desmoralizadas fuerzas aliadas.

En la propia Nueva Guinea, la batalla se volvió cada vez más feroz: los japoneses encontraron una fuerte resistencia por primera vez en su guerra de conquista. El 8 de marzo, los japoneses consiguieron ocupar las ciudades de Lae y Salamaua con poca dificultad, tomando el control de todo el norte de Nueva Guinea. Una ruta de suministro, el Camino de Kokoda, un paso de montaña a través de la selva sobre las montañas Owen Stanley, era la única línea de vida de los aliados.

Al mismo tiempo, una fuerza japonesa desembarcó en las Islas Salomón, al este de Nueva Guinea, y las tropas británicas allí presentes tuvieron que capitular. Este fue el fin de la expansión japonesa: no lograron capturar el sur

de Nueva Guinea Holandesa ni las islas defendidas entre
las Islas Salomón y Nueva Guinea.

Punto de inflexión de la guerra

Guam y Wake tenían una gran importancia estratégica y militar en el Pacífico. Estados Unidos contaba con una base naval y aérea allí, lo que le permitía cubrir gran parte del Pacífico central con bombarderos, una seria amenaza para las posiciones japonesas avanzadas en torno a las Islas Gilbert y las Islas Marshall.

Guam fue atacada por fuerzas japonesas abrumadoras, y después de sólo dos días tuvo que abandonar su resistencia contra el enemigo que la rodeaba por todas partes.Wake logró resistir el primer desembarco débil de los japoneses, y los aviones de las islas Wake realizaron algunas salidas más sobre las islas Marianas, pero entonces llegaron siete torpederos que lanzaron un bombardeo tras el cual desembarcó una escuadra japonesa más fuerte.Esta vez, Wake tuvo que capitular ante el enemigo más poderoso.

Después del exitoso ataque a Pearl Harbor, Japón quería un punto de apoyo en el Pacífico central. Una invasión de Hawái, a pesar del éxito del 7 de diciembre de 1941, fue descartada por el momento. Midway, casi a mitad de camino en la línea Tokio-Hawaii, era una excelente alternativa. A principios de junio de 1942, una enorme flota japonesa zarpó para capturar el pequeño archipiélago de gran valor estratégico. Al mismo tiempo, una flota zarpó para capturar las Aleutianas. Sin embargo, los estadounidenses habían descifrado el código secreto de los japoneses y estaban preparados con cazas y bombarderos del aeródromo de Midway y los tres portaaviones restantes *Enterprise*, *Hornet* y *Yorktown*.

El 5 de junio de 1942 tuvo lugar la batalla de Midway. Los americanos sorprendieron completamente a los japoneses Sin embargo, el almirante estadounidense Nimitz necesitó bastante suerte para repeler el ataque japonés. Los portaaviones japoneses fueron atacados mientras sus cubiertas estaban llenas de aviones y bombas completamente repostados. Seis impactos fueron suficientes para destruir dos portaaviones japoneses. Más tarde, los estadounidenses hundieron otros dos portaaviones. Los japoneses cancelaron entonces la invasión de Midway. Sin embargo, los japoneses consiguieron bombardear ellos mismos Midway con bombarderos que habían despegado de sus portaaviones ese mismo día.

La victoria estadounidense en Midway fue la primera vez que los aliados lograron detener a Japón. Por lo tanto, Midway marcó el punto de inflexión de la guerra en el Pacífico. Los japoneses consiguieron anexionar algunas de las islas Aleutianas en el ínterin, pero éstas fueron reconquistadas gradualmente tras la retirada errónea de los japoneses en la batalla de las islas Komandorski.

Los japoneses no cejaron en su empeño y lanzaron un ataque a las Islas Salomón, una serie de islas al noreste de Australia. Al conocer los códigos japoneses para el tráfico de radio, los estadounidenses sabían de la invasión y enviaron una gran flota para repeler el ataque. En el Mar del Coral, las dos flotas se enfrentaron en mayo de 1942, derrotando a los japoneses.

La batalla en el Mar del Coral

La Batalla del Mar del Coral, a principios de mayo de 1942, puede considerarse un punto de inflexión en la Segunda Guerra Mundial en varios sentidos.Fue la primera batalla naval en la que se atacaron portaaviones y la primera batalla naval en la que ningún barco vio al otro. La batalla también marcó el punto en el que se detuvo por primera vez el avance japonés en el Pacífico.

Antecedentes

Habiendo invadido grandes partes del Sudeste Asiático en pocos meses, el Imperio Japonés estaba en la cúspide de su poderío militar. Los aliados aún se tambaleaban tras una serie de derrotas. La estrategia de los aliados se centró en una concentración defensiva de las fuerzas del ejército y de los marines estadounidenses en Nueva Caledonia y de las fuerzas aéreas y terrestres australianas en Port Moresby, en el sur de Nueva Guinea.

En abril de 1942, las fuerzas japonesas partieron de su base de apoyo en Rabaul para una doble invasión anfibia en Port Moresby (Operación MO), y Tulagi en las Islas Salomón. El objetivo era triple: obtener el control de las Islas Salomón, tomar Port Moresby (la última base entre Japón y el continente australiano) y obligar a los portaaviones estadounidenses a entrar en combate por primera vez en la guerra.

Los historiadores están divididos sobre el objetivo a largo plazo de Japón. No hay duda de que veían las Islas Salomón como un bastión contra futuros contraataques
91

estadounidenses. También parece plausible que tuvieran en mente una invasión del norte de Australia. Sin embargo, hay muchas dudas sobre los objetivos japoneses a largo plazo. La práctica de la planificación japonesa era compleja, con áreas de responsabilidad mal definidas y agrios debates entre el ejército y la marina.

Zarparon varias flotas: las fuerzas de invasión para las Islas Salomón y Port Moresby, y una flota de protección formada por dos nuevos y grandes portaaviones (*Shokaku* y *Zuikaku*, ambos veteranos del ataque a Pearl Harbor), un portaaviones más pequeño (*Shoho*), dos cruceros pesados y aviones de apoyo. Al escuchar los mensajes de radio, los aliados supieron que los aviones japoneses con base en tierra se estaban desplazando hacia el sur y que era inminente una operación importante.

Pudieron contrarrestarlo con tres flotas: El USS *Yorktown* (CV-5) ya estaba presente en el Mar del Coral bajo el mando del Almirante Frank Jack Fletcher, el USS *Lexington* (CV-2) en camino hacia aquí, y una flota de buques de superficie.Los portaaviones USS *Hornet* (CV-8) y USS *Enterprise* (CV-6) se dirigían al sur después del Doolittle Raid sobre Tokio pero llegaron demasiado tarde para unirse a la batalla.

La batalla

1-6 de mayo

El *Lexington* llegó al *Yorktown el* 1 de mayo. Los japoneses ocuparon Tulagi sin oposición el 3 de mayo, y comenzaron a construir un campo de aviación. Después de repostar, el *Yorktown se* dirigió a Tulagi y realizó varios ataques con éxito contra barcos y aviones japoneses el 4 de mayo. Como resultado, los estadounidenses delataron la presencia de su portaaviones, pero hundieron el destructor japonés *Mikazuki*. Su capacidad para realizar vuelos de reconocimiento desde la isla quedó dañada.

93

Después de esto, el *Yorktown se retiró* al punto de encuentro acordado con el *Lexington* y los cruceros recién llegados. Mientras tanto, dos grandes portaaviones japoneses se acercaban desde el sur, dejando a la flota estadounidense atrapada entre dos flotas japonesas.

Los B-17 con base en tierra atacaron la flota de invasión que se acercaba a Port Moresby el 6 de mayo, pero sin éxito. (Pasaría casi otro año antes de que se reconociera que los vuelos de bombardeo en altura sobre buques en movimiento no tenían objetivo). Aunque ambas flotas realizaron muchos vuelos de reconocimiento el 6 de mayo, no pudieron localizarse mutuamente ese día, en parte debido a la nubosidad. Durante la noche, las dos flotas estaban a más de 100 km de distancia. Otros aviones aliados se mezclaron en la batalla desde las bases aéreas de Cooktown y Iron Range, en la península del Cabo York.

6-7 de mayo

Esa noche, Fletcher tomó la difícil decisión de enviar sus principales buques de superficie bajo el mando del almirante australiano John Crace para bloquear el rumbo más probable de la flota de invasión japonesa hacia Port Moresby. La flota de Crace estaba formada por los cruceros HMAS *Australia*, USS *Chicago* (CA-29), HMAS *Hobart,* y los destructores USS *Perkins*, USS *Walke* y USS *Farragut*.Tanto Fletcher como Crace se dieron cuenta del riesgo que suponía que esta escuadra, sin protección aérea y expuesta a los ataques de la aviación japonesa con base en tierra, se arriesgara a sufrir el mismo destino que los acorazados británicos HMS *Prince of Wales* y HMS *Repulse* cinco meses antes.

Sus temores se hicieron realidad cuando, en la tarde del 7 de mayo, la escuadra fue avistada por una escuadra de bombarderos torpederos japoneses y sufrió una serie de intensos ataques aéreos.

Por suerte o habilidad, los barcos aliados escaparon, perdiendo el *USS Neosho (AO-23)* y el *USS Sims*. Unos minutos después del ataque japonés, el escuadrón fue atacado por error por los B-17 estadounidenses. De nuevo, el *Farragut* y el *Perkins* salieron sin daños.

Los aviones de reconocimiento estadounidenses detectaron la flota de invasión japonesa con el pequeño portaaviones japonés *Shoho*. Esta fue confundida con la flota principal japonesa, y Fletcher desplegó 53 bombarderos, 22 aviones torpederos y 18 cazas para un ataque. El *Shoho* fue hundido en este ataque.

8 de mayo

En la mañana del 8 de mayo, los japoneses tenían la ventaja. Una capa de nubes bajas se cernía sobre sus portaaviones, lo que dificultaría la búsqueda de los aviones aliados. Los portaaviones de Fletcher navegaron bajo cielos despejados.

Sin embargo, los aviones de reconocimiento de ambos bandos encontraron las flotas del otro en una sucesión bastante rápida. Inmediatamente después, ambas fuerzas lanzaron un ataque aéreo contra los portaaviones del otro bando. Las dos oleadas de aviones pasaron desapercibidas. Escondido en la lluvia, el *Zuikaku* escapó al reconocimiento, pero el *Shokaku* fue alcanzado por tres bombas. Al estar en llamas, el *Shokaku* no pudo abordar su avión de regreso. Fue puesta fuera de combate.

Los dos portaaviones estadounidenses fueron alcanzados en el ataque japonés: el *Yorktown* por una bomba, el *Lexington*, más grande y menos maniobrable, por bombas y torpedos. Sobrevivió a los daños iniciales, que fueron evaluados como reparables. Sin embargo, una hora más tarde, el combustible del avión explotó y el barco tuvo que ser abandonado y torpedeado para evitar caer en manos de los japoneses.

La fuerza de Crace permaneció en posición entre la flota de invasión japonesa y Port Moresby. Inoue, engañado por informes aéreos erróneos sobre la fuerza de la escuadra aliada, ordenó a la fuerza de invasión dar la vuelta.

Impacto histórico

- En términos tácticos, los japoneses obtuvieron una victoria marginal: perdieron un pequeño portaaviones y los estadounidenses uno grande. Ambos sufrieron graves daños en uno de sus grandes portaaviones, pero para los aliados fue un estímulo: después de cinco meses de continuas derrotas, por fin hubo una batalla en la que se repartieron golpes en igualdad de condiciones.
- La inyección de moral fue muy importante: dio a los estadounidenses la confianza de que podrían derrotar a Japón.

- Se impidió el desembarco desde el mar en Port Moresby. Moresby constituía un punto vital en la estrategia aliada, y aún no podía ser defendido por las fuerzas terrestres estacionadas allí. La pérdida de Port Moresby habría significado casi con toda seguridad una invasión a Australia, y posiblemente incluso la pérdida de ésta.

- Como resultado del desembarco evitado desde el mar, Japón se vio obligado a intentar tomar Port Moresby por tierra. Este retraso fue suficiente para permitir la llegada de la experimentada *Segunda Fuerza Imperial Australiana*. Posteriormente, lucharon en la campaña de la vía de Kokoda y en la batalla de Milne Bay. Esto alivió la presión en Guadalcanal.

- Sin una base en Nueva Guinea, el avance aliado en el Pacífico habría sido más costoso y prolongado que ahora.

- La pérdida del *USS Lexington* fue un duro golpe, pero los estadounidenses fueron capaces de absorber las pérdidas más rápidamente que Japón.

- La Marina estadounidense aprendió mucho de esta batalla. A partir de la pérdida del *Lexington,* la

Armada aprendió mejores formas de almacenar el combustible de aviación en los portaaviones. También mejoró el control de la pantalla aérea defensiva alrededor de los portaaviones. De los ataques a los portaaviones japoneses se derivaron valiosas lecciones sobre la coordinación de los bombarderos en picado y los bombarderos torpederos (demasiado tarde para la batalla de Midway, pero útiles a largo plazo).

- El *USS Yorktown* regresó a Pearl Harbor.
- Aunque se estimaba que la reparación del *Yorktown* llevaría meses, las tripulaciones de Pearl Harbor realizaron una hazaña de primer orden al tenerlo de nuevo en condiciones de navegar en muy poco tiempo. Por ello, durante la importantísima batalla de Midway, volvió a estar presente. Esta presencia resultó decisiva (tres portaaviones en lugar de dos).
- Como el *Shokaku* estaba dañado y el *Zuikaku* estaba falto de aviones, ninguno de los dos pudo participar en la crucial batalla de Midway un mes después.
- Aunque el *Zuikaku* sólo sufrió daños leves, y seguía transportando 40 aviones, tuvo que

regresar a Japón para ser reparado. La reparación *del Shokaku* duró seis meses. Ninguno de los dos estuvo presente en la batalla de Midway. La ausencia *del Zuikaku* y el *Shokaku* en Midway fue fatal para Japón, como se vio después: dos portaaviones menos en el lado japonés.

- Japón podría absorber la pérdida de aviones e incluso de portaaviones, pero nunca compensaría la pérdida de sus pilotos más experimentados y entrenados.

Batalla de Guadalcanal

La **Batalla de Guadalcanal**, también conocida por el nombre en clave de **Operación Atalaya**, durante la Segunda Guerra Mundial condujo a la captura por parte de las fuerzas estadounidenses de la isla de Guadalcanal, ocupada por los japoneses (parte de las Islas Salomón británicas en el Océano Pacífico) en 1942.

Hubo 24.000 bajas japonesas y 6.000 americanas, cifras limitadas en comparación con otras batallas. La campaña estuvo marcada por una lucha encarnizada y una serie de primicias:

- Primera derrota de las fuerzas terrestres japonesas
- el primer desembarco anfibio de las fuerzas estadounidenses desde 1898
- Variedad de combates (acción de la flota, bombardeo costero, tácticas de guerrilla, guerra terrestre, combate aéreo)

Introducción

Guadalcanal está en el centro de la cadena alargada de las Islas Salomón, al norte de Australia.

La Armada Imperial Japonesa quería convertir las Islas Salomón en una importante base estratégica y en 1942 inició un programa para ocupar todas las islas y construir aquí aeródromos para los bombarderos de patrulla terrestre.

Guadalcanal se convertiría en la base principal en el centro de la cadena. Si tuvieran éxito, el transporte marítimo aliado entre EE.UU. y Australia tendría que hacer un largo desvío por el sur. Japón ya tenía una base en Rabaul, en el norte de la cadena de islas.

Una y otra vez, los oponentes trajeron refuerzos; nadie quería pensar en perder esta batalla. Los japoneses ocuparon Guadalcanal en julio de 1942, como estación de paso en su camino hacia Australia y Hawái; los estadounidenses (concretamente el almirante Ernest King, jefe de operaciones) querían utilizarla como base para su avance hacia el noroeste. Al principio, el almirante Isoroku Yamamoto, comandante de la flota japonesa, no se dio cuenta de la importancia de este enfrentamiento ni de los recursos que requeriría.

La pérdida de Guadalcanal significó para los japoneses que se encontraban en una posición defensiva y que los estadounidenses podían utilizar la isla como trampolín para el avance sobre Japón.

Operación Atalaya

El general Alexander Vandegrift fue nombrado comandante de las fuerzas terrestres estadounidenses apenas cinco semanas antes del inicio del ataque en una batalla que acabaría provocando la evacuación de la isla por los japoneses. El período comprendido entre agosto de 1942 y febrero de 1943 fue testigo de una serie de enfrentamientos por tierra, mar y aire que se detallan a continuación.

- el desembarco del 7 de agosto de 1942
- Batalla naval frente a la isla de Savo el 9 de agosto de 1942, un primer intento fallido de la armada japonesa de expulsar a los estadounidenses, a pesar de sus grandes pérdidas.
- El 18 de agosto, el coronel Kiyono Ichiki desembarcó en la isla con 950 hombres. Un triple ataque banzai de estas tropas de élite mató a más

de 700 japoneses. El Coronel Ichiki se hizo el harakiri.

- En la batalla naval frente a las Islas Salomón orientales, el 24 de agosto, el portaaviones estadounidense *USS Enterprise (CV-6)* sufrió graves daños. Entre otros, los japoneses perdieron su portaaviones Ryujo.

- Entre el 12 y el 14 de septiembre, el coronel Mike Edson rechazó un ataque de 7.000 japoneses dirigidos por el general de división Kiyotake Kawaguchi. Este enfrentamiento se llamó más tarde la *Batalla de Bloody Ridge*. Un fuerte bombardeo aéreo sobre Henderson Field y un bombardeo con cañones navales lo precedieron.

- El 15 de septiembre, el portaaviones *Wasp se* perdió en un ataque submarino. El crucero pesado *North Carolina* sufrió el impacto de un torpedo. 4.000 soldados estadounidenses a bordo de buques de transporte desembarcaron sanos y salvos.

- El teniente general Haruyoshi Hyakutake desembarcó 20.000 hombres el 9 de octubre. Vandergrift vio su fuerza reforzada por 4.000 soldados.

- La batalla naval del Cabo Esperance, el 11 y 12 de octubre, terminó con una ligera ventaja estadounidense. Sin embargo, la Armada estadounidense pudo retrasar, pero no impedir, los continuos desembarcos de las tropas japonesas (denominados por los marines *"Tokyo Express"*).
- El 13 de octubre, el Campo Henderson fue bombardeado de nuevo por la artillería naval y por *Pistol Pete* (una pieza de artillería pesada de campaña). En ochenta minutos, 918 proyectiles de gran calibre impactaron en el aeródromo, dejándolo inservible.
- Hyakutake hizo nuevos planes para lanzar un ataque en tres direcciones sobre el campo Henderson el 18 de octubre. La armada y la fuerza aérea japonesas proporcionaron apoyo. Las dificultades para transportar los cañones a través de la selva y la incesante lluvia provocaron un retraso hasta el 24 de octubre. Las unidades al mando del general Sumioyosji, sin conocer el aplazamiento, lanzaron su ataque el 23 de octubre. Murieron 650 japoneses. El ataque de la División Senda fue rechazado al día siguiente (más de 900 japoneses muertos). La artillería de los marines,

los bombarderos y *Pistol Pete* bombardearon las posiciones americanas el 25 de octubre (domingo de cunetas). Por la noche, las tropas terrestres japonesas volvieron a atacar; de nuevo sin éxito. A partir del 29 de octubre, comenzaron a retirarse.

- La noche del 25 al 26 de octubre tuvo lugar otro enfrentamiento entre las armadas japonesa y estadounidense (Batalla de las Islas Santa Cruz). Los estadounidenses perdieron el portaaviones *Hornet*, el destructor *Porter* y 74 aviones. El portaaviones *Enterprise* y el *South Dakota* sufrieron daños. Los japoneses perdieron 100 aviones. Sus portaaviones *Shokaku* y *Zuiho*, el crucero pesado *Chikuma* y el destructor *Terutsuki* sufrieron graves daños.

Contraofensiva aliada

Ahora los aliados tenían la ventaja de poder elegir dónde sería el siguiente ataque, pero había una dicotomía en el campo aliado. Los EE.UU. querían un ataque directo a Micronesia para empujar al propio Japón. Después de capturar Micronesia, querían seguir avanzando hasta las Islas Marianas, luego Okinawa y después, a través de una armada de barcos y aviones, hasta Japón propiamente dicho. Los otros aliados querían que se eliminara la amenaza a sus propias fronteras liberando primero el sudeste asiático de los japoneses. Se decidió aplicar ambas estrategias: los británicos iniciaron la reconquista de Birmania, los chinos entraron en la China japonesa y los estadounidenses avanzaron hacia Micronesia.

La resistencia de los japoneses fue muy fuerte, y lucharon por cada metro de terreno.Micronesia fue conquistada, y luego Birmania y partes del este de China.Los aliados se acercaban a Japón, y la resistencia de los japoneses era cada vez más débil, la flota y la fuerza aérea sufrieron grandes pérdidas, y los pilotos japoneses instituyeron sus tácticas kamikaze, estrellando sus aviones directamente contra los barcos aliados.

109

Cuando Guam fue finalmente recapturada en agosto de 1944, los bombarderos pesados B-29 pudieron atacar a Japón desde la isla, y comenzó una larga serie de ataques con bombas sobre las ciudades japonesas, destruyendo toda la infraestructura del país, aunque no rompió la moral de los japoneses como se esperaba.

En febrero de 1945, los estadounidenses desembarcaron en Iwo Jima con el objetivo de tomar los dos aeródromos de la isla. Tras duros combates, Iwo Jima fue tomada un mes después. En abril, los estadounidenses desembarcaron en la isla de Okinawa, directamente al sur de las islas principales de Japón. Se produjo una terrible batalla, en la que los japoneses hicieron todo lo posible por mantener la isla, y en la que también se utilizaron ampliamente los kamikazes. Después de una dura lucha, los últimos japoneses se rindieron el 23 de junio.

El desembarco en Iwo Jima

El Desembarco en Iwo Jima (cuyo nombre en clave era Operación Destacamento) fue una operación de desembarco estadounidense en la isla de Iwo Jima en febrero de 1945 que formó parte de los combates en el Océano Pacífico entre Estados Unidos y el Japón Imperial durante la Segunda Guerra Mundial.

Los estadounidenses querían utilizar Iwo Jima como base para sus ataques (aéreos) contra Japón. Consiguieron arrebatar la isla a los japoneses, haciéndose con el control de los tres aeródromos que había allí, los únicos entre Japón y las Islas Marianas y a 1250 km de Tokio. Los japoneses las habían utilizado para interceptar a los bombarderos estadounidenses en ruta hacia y desde sus bombardeos sobre Japón, y ahora los estadounidenses podían utilizar la isla como base para atacar el Japón continental.

Predecir

En el momento del ataque a Pearl Harbor, el ejército japonés tenía una guarnición de entre 3.700 y 3.800 hombres estacionados en Chichi-jima. Además, en la base

111

naval de Chichi-jima había 1.200 hombres. Consistía en una base de hidroaviones, una estación de radio y meteorología y varias embarcaciones ligeras como dragaminas, cazasubmarinos y patrulleras.

En Iwo Jima, la marina había construido un aeródromo a 1,5 o 2 km del monte Suribachi. 1.500 personas de la aviación naval y 20 aviones constituían la ocupación del aeródromo.

Tras la pérdida de las Islas Marshall y los devastadores ataques aéreos sobre Truk en las Carolinas en febrero de 1944, los líderes militares japoneses reconsideraron la situación. Toda la inteligencia indicaba un próximo ataque estadounidense hacia las Islas Marianas y las Carolinas. Como medida contra esto, formaron una línea de defensa interior que se extendía desde las Carolinas hasta las Marianas, y desde allí hasta las Islas Bonin. En marzo de 1944, se formó el 31º Ejército Japonés bajo el mando del General Hideyoshi Obata para gestionar esta línea de defensa interior.El comandante de la guarnición de Chichi-jima se convirtió en comandante nominal de las unidades del ejército y la marina en las Islas Bonin.

Tras la pérdida de las Islas Marianas en el verano de 1944, consciente de que la pérdida de las Islas Bonin significaría una intensificación de los bombardeos sobre el territorio nacional japonés, tanto la marina como el ejército enviaron refuerzos a Iwo Jima. En marzo y abril de 1944 llegaron quinientos refuerzos navales y quinientos del ejército, y junto con los refuerzos de Chichi-jima y las islas interiores, la fuerza de las defensas aumentó a cinco mil hombres con trece piezas de artillería y doscientas ametralladoras ligeras y pesadas. Además, la defensa contaba con doce cañones antiaéreos pesados, cañones antibuque de 120 mm y treinta cañones antiaéreos de doble cañón de 25 mm.

Los planes de defensa japoneses se complicaron por la incapacidad de la Armada de obstaculizar eficazmente los desembarcos tras la devastadora derrota de su flota en la batalla del Golfo de Leyte. Además, las pérdidas aéreas fueron tan importantes que, sin contar siquiera los retrasos causados por los ataques aéreos, habría que esperar hasta marzo o abril de 1945 para que los japoneses recuperaran tres mil aviones. Incluso entonces, estos aviones no pudieron ser desplegados sobre Iwo Jima, ya que la isla estaba fuera del alcance de los aviones

113

japoneses. Y los aviones que había eran muy necesarios en Formosa y las islas vecinas, donde al menos había suficientes bases aéreas.

En un estudio de posguerra, los oficiales del Estado Mayor japonés describieron la estrategia de defensa de Iwo Jima de la siguiente manera:

A la luz de la situación anterior, reconociendo que era imposible llevar a cabo operaciones aéreas, terrestres o marítimas que condujeran a una eventual victoria, se decidió que para ganar tiempo para preparar la defensa de la patria (japonesa), nuestras fuerzas debían confiar exclusivamente en las defensas disponibles de la zona y el objetivo era la ralentización del avance enemigo.

Era aterrador pensar que ni siquiera los ataques suicidas de pequeños grupos de aviones de la marina y el ejército, los ataques sorpresa de los submarinos y los desembarcos de los paracaidistas serían capaces de explotar oportunidades estratégicas ocasionales.

Incluso antes de la caída de Saipán en junio de 1944, los japoneses sabían que había que reforzar Iwo Jima. A finales de mayo, el general Hideki Tojo informó al teniente general Tadamichi Kuribayashi en la oficina del primer ministro de que había sido elegido para defender Iwo Jima hasta el final.

A Kuribayashi se le recalcó la importancia de este encargo: los ojos de todo Japón estaban puestos en él. El 8 de junio, Kuribayashi partió hacia la que sería su última misión.

En los primeros días de 1945, Japón se enfrentaba a la perspectiva de una invasión aliada. Los bombardeos diarios desde las Islas Marianas, en el marco de la Operación Scavenger, causaron daños devastadores. Iwo Jima sirvió como estación de alerta.

Por radio, se comunicó a Japón la llegada de los bombarderos estadounidenses. Las defensas aéreas japonesas estaban entonces preparadas cuando llegaron los bombarderos aliados.

El desembarco fue planificado por los aliados porque había un desfase de dos meses en el calendario entre el desembarco en Leyte, en Filipinas, y el desembarco en Okinawa. Esto no se consideró aceptable.

115

Preparaciones japonesas

El general Kuribayashi llegó a Iwo Jima entre el 8 y el 10 de junio de 1944. A su llegada había 80 aviones de combate, pero a principios de julio sólo quedaban cuatro. Una unidad naval estadounidense bombardeó la isla a corta distancia durante dos días. Ningún edificio quedó intacto. Los últimos cuatro aviones también fueron destruidos.

Para sorpresa de la guarnición, no se produjo ninguna invasión en el verano de 1944. Sin embargo, había pocas dudas de que los estadounidenses lanzarían una invasión. Estaba claro que, en ausencia de apoyo aéreo y naval, la caída de la isla era inevitable, pero el general Kuribayashi estaba decidido a hacer pagar al adversario el precio más alto posible por ello. Como primera medida, ordenó la evacuación de todos los civiles, algo que se completó a finales de julio.

El predecesor de Kuribayashi, el teniente general Hideyoshi Obata, de acuerdo con la doctrina imperante de que las invasiones debían detenerse directamente en el frente marítimo, había reforzado la línea de costa con búnkeres y artillería.El general Kuribayashi tenía una opinión diferente. En lugar de un intento inútil de mantener las playas, las hizo defender sólo con armas ligeras. Toda la artillería, los morteros y los cohetes se colocaron al pie y en las laderas del volcán Suribachi y en el terreno elevado del norte.

La defensa a largo plazo de la isla requeriría un sistema elaborado y bien pensado de túneles a diferentes niveles, ya que el bombardeo costero había demostrado que los edificios no podían resistir el bombardeo de la artillería de los barcos.Se trajo a ingenieros de Japón para que diseñaran los túneles y las cuevas de tal manera que hubiera aire fresco incluso durante los bombardeos prolongados.

Al mismo tiempo, comenzaron a llegar refuerzos a la isla. Kuribayashi decidió transferir la 2ª brigada mixta de cinco mil hombres de Chichi a Iwo. Tras la caída de Saipán, 2.700 hombres del 145º regimiento de infantería bajo el mando del coronel Masuo Ikeda fueron trasladados a Iwo Jima. Estos refuerzos elevaron la fuerza numérica a 12.700 hombres en julio y agosto.Un batallón de ingenieros de 1.233 hombres comenzó la construcción de los búnkeres y otras fortificaciones.

El 10 de agosto llegó el almirante Toshinosuka Ichimaru, seguido poco después por 2.216 efectivos navales. Luego llegaron unidades de artillería y cinco batallones antitanques. Aunque muchos barcos de suministro fueron hundidos por submarinos y aviones estadounidenses en su ruta hacia Iwo Jima, gran parte del equipo llegó a la isla durante el verano y el otoño de 1944.

A finales de 1944, Kuribayashi disponía de 361 piezas de artillería de 75 mm o más. Además, contaba con una docena de morteros de 320 mm, 65 morteros medios (150 mm) y ligeros (81 mm), 33 piezas de artillería marina de 80 mm y 94 cañones antiaéreos de 75 mm o más. Además, había doscientos cañones antiaéreos de 20 y 25 mm, y 69 cañones antitanque. La potencia de fuego de esta artillería se vio aumentada por setenta lanzadores de cohetes de diversos tamaños, incluido uno gigante de más de quinientas libras con un alcance de siete kilómetros.

El 26° regimiento de tanques fue torpedeado de camino a Iwo Jima y perdió sus 28 tanques. Los 600 hombres llegaron sanos y salvos. Se pidieron nuevos tanques en Japón y 22 llegaron en diciembre. La intención del coronel Nishi era desplegar sus tanques allí donde la situación amenazara con descontrolarse. La naturaleza de las colinas de la isla impidió ese uso y los tanques fueron excavados.

Los japoneses construyeron toda la artillería en robustos búnkeres de hormigón. Los japoneses descubrieron que se podía hacer un hormigón de excelente calidad a partir de cenizas volcánicas negras con cemento. Los búnkeres cercanos a la playa tenían todos un grosor de pared de un metro. Una extensa red de pasajes subterráneos, búnkeres y fortificaciones proporcionó a las tropas japonesas un excelente refugio contra los ataques aéreos y el bombardeo de los barcos. Aquí se prestó mucha atención a la ventilación (la naturaleza volcánica de la isla producía mucho gas sulfuroso) y a las salidas múltiples, para que, tras un bombardeo, la tripulación de un búnker no quedara atrapada.

El general Kuribayashi estableció su base de mando en la parte norte de la isla. Sus búnkeres de mando estaban a más de veinte metros bajo tierra, conectados por túneles de doscientos metros de largo. En la superficie, en un sólido búnker de hormigón, setenta telegrafistas trabajaban por turnos.

La colina 382 era el punto más alto de la isla después del volcán. Aquí se construyeron una estación meteorológica y una estación de radio. El coronel Chosaku Kaido estaba a cargo de toda la artillería de la isla y tenía su comando cerca de la estación de radio.

El mayor proyecto era un sistema de túneles de 27 km de longitud para conectar todas las instalaciones de defensa importantes. Cuando los americanos desembarcaron, se habían completado 13 km. El trabajo fue extremadamente duro: la temperatura era de 30 a 50 grados, la gente tenía que llevar máscaras de gas contra los humos sulfurosos, y a partir del 8 de diciembre la Fuerza Aérea estadounidense bombardeó la isla diariamente. A pesar del bloqueo estadounidense con submarinos y bombarderos, los refuerzos seguían llegando. Finalmente, el general Kuribayashi tenía entre 21.000 y 23.000 hombres a su disposición.

Su plan de defensa difería radicalmente de todos los planes anteriores para defender la isla:

- Para no traicionar sus posiciones, la artillería japonesa no respondía a los bombardeos de los barcos estadounidenses.
- Uno no pillaría a los americanos en las playas.
- De 400 a 500 metros hacia el interior, los norteamericanos recibían el fuego de las armas automáticas del aeródromo y de la artillería del volcán Suribachi y del terreno elevado del norte.
- Después de infligir el máximo daño, la artillería del aeródromo se retiraría hacia el norte.
- No habría un gran contraataque *banzai*.
- Se llevaría a cabo una defensa elástica y sedentaria. Las tropas japonesas tenían suministros para 2,5 meses.

Preparación de los Estados Unidos

El 7 de octubre de 1944, el almirante Chester W. Nimitz y su personal formularon los objetivos de la Operación Destacamento. El objetivo general de la operación era contra Japón para "mantener la presión" y consolidar el control estadounidense del Pacífico. Con Iwo Jima en manos de EE.UU., los bombarderos estadounidenses tendrían menos dificultades para bombardear Japón, y la isla podría utilizarse como base para los ataques a Japón. Los aviones de guerra estadounidenses podrían prestar apoyo a los bombarderos de EE.UU. en sus vuelos a Japón, y los bombarderos dañados podrían realizar un aterrizaje de emergencia en Iwo Jima.

El 9 de octubre, el general Holland Smith recibió el estudio del Estado Mayor, acompañado de una orden del almirante Chester Nimitz para tomar el control de la isla. I a orden también nombraba a los comandantes de la operación.

- El almirante Raymond Spruance, comandante de la Quinta Flota, recibió el mando de la Operación Comandante con la Fuerza de Tarea 50.
- Bajo el mando de Spruance, el vicealmirante Richmond Kelly Turner, comandante de las fuerzas anfibias en el Pacífico, comandaría la Fuerza de Tarea 51.
- El comandante adjunto de la Fuerza Expedicionaria Conjunta era el contralmirante

Harry W. Hill. El general Holland Smith fue designado comandante general de las "Tropas Expedicionarias", Grupo de Tareas 56.

No fue casualidad que estos individuos fueran elegidos para esta operación. Cada uno de ellos se había ganado sus espuelas en anteriores operaciones similares. Era el equipo que había organizado y perfeccionado las técnicas anfibias desde Guadalcanal hasta Guam y desde las Islas Salomón hasta Tarawa.

Las principales unidades de la fuerza de desembarco serían la 3ª, 4ª y 5ª División de Marines. La tercera división ya se había distinguido en Bougainville, en las Islas Salomón, y en Guam, en las Islas Marianas. La división seguía reorganizándose en otoño de 1944 tras los duros combates en Guam y también participó activamente en la limpieza de los últimos focos de resistencia japoneses en la isla.

El almirante Spruance asumió el mando de las fuerzas implicadas en el Pacífico central el 26 de enero. Las divisiones 4ª y 5ª de Marines, menos el 26º regimiento, fueron designadas para el desembarco. El 26º regimiento era de reserva, mientras que la 3ª división debía embarcar desde Guam y no desembarcaría hasta D+3 (tres días después del desembarco inicial).

El programa de desembarco era sencillo: las divisiones 4ª y 5ª desembarcarían en la playa oriental, la 4ª a la derecha y la 5ª a la izquierda.La 3ª división desembarcaría más tarde en la misma playa y desempeñaría un papel ofensivo o defensivo según fuera necesario.El plan preveía una rápida expansión de la cabeza de puente. Un regimiento de la 5ª división fue designado para la captura del volcán Suribachi al sur.

Debido al riesgo de olas adversas en las playas del este, el 8 de enero de 1945 se elaboró un plan alternativo de desembarco en las playas del oeste. Las posibilidades de que este plan se llevara a cabo no eran altas, ya que los vientos predominantes del norte al noroeste provocaban olas peligrosas en la costa occidental de la isla.

Para el desembarco, la playa oriental se dividió en franjas de 450 metros (500 yardas) denominadas de izquierda a derecha como verde, roja 1 y 2, amarilla 1 y 2 y azul 1 y 2. La 5ª División de Marines desembarcaría en las zonas verdes y rojas 1 y 2, y se movería en línea recta a través de la isla hasta alcanzar la costa oeste: la isla era bastante estrecha en este punto. Un regimiento tomaría el volcán Suribachi.

La misión de la 4ª División de Marines era tomar el centro de la isla, mientras que su flanco tenía como objetivo la

125

meseta de Motoyama, el terreno elevado que domina la zona de desembarco. A menos que ambos objetivos, desde los que se podían ametrallar las playas al azar, fueran tomados rápidamente, las bajas entre las fuerzas de desembarco podrían aumentar rápidamente.

Una vez asegurada la parte sur de la isla, las dos divisiones avanzarían conjuntamente hacia el norte.La 3ª División de Marines, que inicialmente permanecía a bordo como reserva, también desembarcaría para añadir fuerza al ataque.

El programa de aterrizaje detallado, de izquierda a derecha:

- **verde 1:** 28º regimiento, Coronel Harry B. Liversedge:
- **verde 1:** 27º regimiento, Coronel Thomas A. Wornham:
- **amarillo 1 y 2:** 23º regimiento, Coronel Walter W. Wensinger: Conquista del aeródromo de Motoyama
- **azul 1:** 25º regimiento, Coronel John R. Lanigan: ayuda en la captura del aeródromo 1

126

- 24º regimiento, Coronel Walter I. Jordan, en reserva
- 26º regimiento, Coronel Chester B. Graham: apoyo a la 5ª división

La artillería sólo bajaría a tierra tras recibir la orden del comandante de la división. El 14º regimiento (Coronel Louis G. DeHaven) y el 13º regimiento (Coronel James D. Wailer) proporcionarían apoyo a la 4ª y 5ª divisiones respectivamente.

La operación se programó para que a la hora U 68 llegaran a la playa las lanchas de desembarco anfibio de la primera oleada de ataque. Estos vehículos avanzarían hasta la primera franja de tierra más allá de la marca de agua alta. Estos vehículos blindados utilizaban sus obuses y ametralladoras para mantener al enemigo a cubierto. De este modo, la infantería tendría fuego de cobertura de las siguientes oleadas de ataque mientras corrían desde sus lanchas de desembarco por la playa. El momento del desembarco de los tanques se determinaría con flexibilidad. A partir del 16 de febrero se produjo un bombardeo de tres días sobre la isla.

El aterrizaje en Estados Unidos

A las 02:00 a.m. del 19 de febrero, los acorazados estadounidenses comenzaron a bombardear como si se tratara del inicio del Día D. Le siguió un bombardeo de 100 bombarderos, tras el cual la artillería naval volvió a la acción. A las 08:30, el primero de los 30.000 marines desembarcó en Iwo Jima.

Los marines estaban bajo un intenso fuego del volcán Suribachi en el sur de la isla. El terreno en el que lucharon era extremadamente hostil: ceniza volcánica áspera sobre la que era fácil deslizarse, pero en la que no era posible excavar. Sin embargo, al anochecer, 30.000 marinos habían desembarcado y la montaña había quedado aislada del norte de la isla. Otros 40.000 marines le seguirían en el transcurso de la batalla.

Las laderas del volcán Suribachi tuvieron que ser combatidas metro a metro. Los disparos fueron inútiles contra la infantería japonesa bien atrincherada. Los lanzallamas y las granadas tuvieron que eliminar los búnkeres japoneses pieza a pieza.Se tardó hasta el 23 de febrero en alcanzar la cima. A las 10 de la mañana, los

128

marines del 28° regimiento plantaron una bandera estadounidense en la cima.

Este acontecimiento se repitió unas horas más tarde y se tomó una de las fotografías más famosas de la Segunda Guerra Mundial. El fotógrafo Joe Rosenthal, de Associated Press, ganó varios premios con esta foto, incluido el Premio Pulitzer en 1945.

Sin embargo, con el izado de la bandera, aún no se habían tomado todas las posiciones defensivas japonesas en el volcán. En los días siguientes se produjeron intensos combates. El general Kuribayashi prohibió un gran contraataque cuando Ichimaru le pidió permiso para hacerlo.

La zona de aterrizaje había sido parcialmente asegurada con la toma de control del volcán. Ahora, más marinos y equipos pesados estaban llegando a tierra. La invasión se amplió para tomar el control de los aeródromos y del resto de la isla. En las semanas siguientes, la batalla siguió siendo extremadamente dura en toda la isla. Con el valor tradicional, los japoneses lucharon hasta la muerte. De los 22.000 defensores, sólo 200 hombres fueron capturados.

Las fuerzas aliadas sufrieron 21.000 bajas, incluyendo 7.000 muertos. Una cuarta parte de las condecoraciones de la Medalla de Honor concedidas a los marines estadounidenses durante la Segunda Guerra Mundial fueron por las operaciones en Iwo Jima. El 26 de marzo de 1945, la isla fue declarada segura.

El almirante Chester W. Nimitz describiría los combates de la siguiente manera: *Entre los hombres que lucharon en Iwo Jima, el valor inusual era un rasgo común.*

Impacto

El precio de Iwo Jima fue alto para ambos bandos. Sin embargo, el precio valió la pena para los estadounidenses. Al final de la guerra, 2.400 bombarderos B-29 con 27.000

tripulantes habían realizado un aterrizaje de emergencia en la isla.

Batalla de Okinawa

La batalla de Okinawa (en japonés: 沖縄戦, *Okinawa-sen*), nombre en clave de los aliados Operación Iceberg, tuvo lugar del 1 de abril al 22 de junio de 1945 en el sur de Japón entre las fuerzas japonesas y estadounidenses.

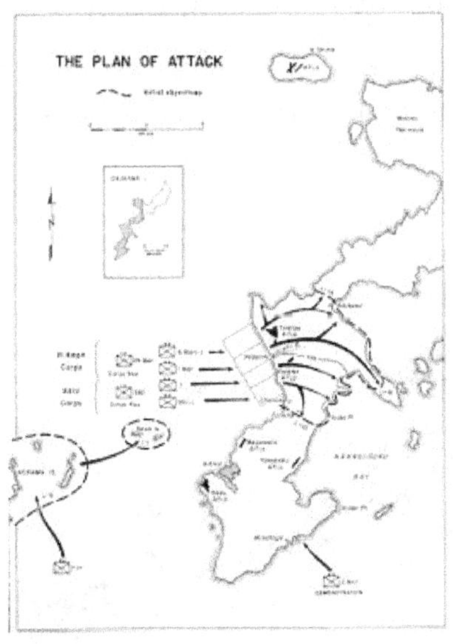

Los estadounidenses desembarcaron en las pequeñas islas Kerama, cerca de Okinawa, el 26 de marzo de 1945 y en la propia Okinawa el 1 de abril. La batalla fue llamada por los lugareños *tetsu no ame*, "lluvia de acero". Esta batalla presentó al mundo el fenómeno kamikaze a gran escala por primera vez. El 23 de junio, los últimos japoneses se rindieron tras un combate muy duro.

La ubicación estratégica de Okinawa

Okinawa es la isla más grande (unos 1.200 km2) de las Islas Riukiu, a unos 600 km al suroeste de las cuatro islas principales de Japón. A diferencia de otras islas por las que se luchó, como Iwo Jima, tenía una gran población indígena.

La importancia estratégica de Okinawa durante la Segunda Guerra Mundial fue considerable. Los estadounidenses habían estado "saltando de isla en isla", 133

tomando una isla tras otra al sur de Japón. El control estadounidense de Okinawa cortaría de forma efectiva los suministros japoneses de materiales como el petróleo, el mineral de hierro y el caucho del sur, así como las comunicaciones entre el territorio continental japonés y las bases japonesas en el Pacífico Sur. La isla también podría servir de base para un ataque estadounidense a las islas principales de Japón. Okinawa también albergaba varios aeródromos y los dos únicos puertos razonablemente grandes entre Formosa y la isla principal de Japón, Kyushu.

Okinawa durante la Gran Guerra de Asia

En la isla había pocos indicios de la lucha en China, que comenzó en 1937. Nunca había sido una zona industrial y nunca había producido muchos alimentos. La única contribución de Okinawa consistía en que en la isla se cultivaba caña de azúcar, de la que se podía producir alcohol para los torpedos y los motores. Sin embargo, cuando Estados Unidos se involucró en la guerra con el ataque a Pearl Harbor el 7 de diciembre de 1941, la isla fue fortificada. Se convirtió en una piedra angular del "muro defensivo" de Japón. Se construyeron varios aeródromos y se modernizaron los puertos para acoger grandes buques de guerra y portaaviones.

Operación Iceberg

Número de efectivos

- Las fuerzas estadounidenses en el Pacífico ya habían tomado varias islas, las más recientes Iwo Jima y Filipinas. La Quinta Flota estadounidense del almirante Raymond A. Spruance contaba con más de 40 portaaviones, 18 acorazados, 200 destructores y centenares de buques de todo tipo de apoyo (por ejemplo, corbetas y buques hospitales). En total, unos 1.300 barcos estadounidenses rodearon la isla. De esos 1.300, 365 eran buques anfibios.
- El recién formado 10º Ejército de EE.UU., que comenzó la batalla por Okinawa el 1 de abril de 1945 con 154.000 hombres, estaba formado por siete de las divisiones más duras que luchaban en el Pacífico. El 14º Cuerpo, bajo el mando del general John Hodge, comprendía las divisiones de infantería 7ª y 96ª, el Tercer Cuerpo Anfibio del

general de división Roy Stanley Geiger comprendía las divisiones de Marines 1ª y 6ª; las divisiones de infantería 27ª y 77ª y la 2ª División de Marines constituían la fuerza de reserva.

- Al igual que en Iwo Jima, la inteligencia estadounidense también subestimó la fuerza del enemigo en Okinawa. Esto se debió a que, cuando se preparó el ataque, la isla estaba todavía demasiado lejos para los aviones de reconocimiento estadounidenses. El número de japoneses se estimó en 65.000, cuando resultó ser más de 100.000. Los bombarderos B-29 llevaron a cabo la primera misión de reconocimiento sobre Okinawa y las islas circundantes.

- El Ejército Imperial Japonés dirigido por Mitsuru Ushijima tenía preparado un plan de defensa. Debido a la abrumadora supremacía estadounidense en el mar y en el aire, se decidió no luchar en las playas. Casi todo el norte de la isla quedó sin defender, excepto el monte Yaedake, el aeródromo de Kadena y las bases de Yomitan. Sin embargo, en la zona montañosa del sur de Okinawa se establecieron cuatro círculos defensivos, conocidos como círculos Shuri, donde los japoneses se atrincheraron. Los círculos de Shuri eran fácilmente defendibles gracias al accidentado paisaje y a la gran cantidad de artillería japonesa de diverso calibre.

La flota llega

El 10 de octubre de 1944, unos doscientos aviones bombardearon Naha, la mayor ciudad y capital de Okinawa, por orden del almirante Halsey. La ciudad quedó casi completamente destruida. A mediados de marzo de 1945, la flota estadounidense se reunió para bombardear Okinawa. También aparecieron los primeros kamikazes.

El aterrizaje

Antes de que el ejército desembarcara, los barcos de la Fuerza de Tarea 52, dirigidos por el general Blandy, bombardearon las playas con 13.000 proyectiles. Además, los bombarderos Curtis Lemay realizaron 3.000 salidas. De este modo, los estadounidenses esperaban eliminar casi toda la resistencia en la isla antes del desembarco real. El bombardeo de la flota no cesó hasta que los primeros soldados estadounidenses pusieron el pie en tierra, sin encontrar apenas resistencia. Al final del primer día, habían desembarcado casi 60.000 soldados estadounidenses (dos divisiones de marines de y dos divisiones del ejército).

Al mismo tiempo que la primera oleada de ataques, la Segunda División de Marines había llevado a cabo un ataque de distracción hacia el sur. El segundo día se llevó a cabo la misma acción para que los japoneses no pudieran impedir que se formara una cabeza de puente en
138

el lugar del desembarco. Los estadounidenses cruzaron rápidamente la isla y aislaron el sur del norte, sin encontrar todavía ninguna resistencia digna de mención.

El seguimiento del aterrizaje se realizó en cuatro fases:

- El avance hacia la costa este (1-4 de abril).
- Explorar y tomar la parte norte de la isla (5-18 de abril).
- Tomar las islas circundantes (10 de abril - 26 de junio).
- La batalla real con el 32º Ejército japonés atrincherado. Esta batalla comenzó el 6 de abril y no terminó hasta el 21 de junio.

Las batallas

La batalla en el sur de Okinawa contrastó con la rápida captura del norte de la isla.

Sólo cuando las divisiones de infantería 7ª y 96ª fueron enviadas al sur, porque los estadounidenses escucharon de los nativos que los japoneses estaban principalmente en el sur, comenzó la verdadera batalla por Okinawa.

139

Al final, la batalla de Okinawa se convirtió en una de las más sangrientas y amargas de toda la guerra.

Aunque los estadounidenses encontraron una decidida resistencia el 5 de abril, el avance pudo continuar, aunque con dificultades. El 9 de abril, la resistencia fue tan fuerte que las divisiones de Roy Stanley Geiger y John Hodge se detuvieron por completo frente a una posición fuertemente defendida en la cresta de Kakazuberg. Los estadounidenses atacaron durante días, apoyados por bombarderos B-29 Superfortress, pero fueron rechazados continuamente.

En el lado japonés, las bajas fueron elevadas. Para el 12 de abril, el día en que murió el presidente estadounidense

140

Roosevelt, habían muerto más de 5.500 japoneses, frente a "sólo" 451 estadounidenses. Sin embargo, los estadounidenses seguían enfrentándose a la cresta de Kakazuberg.

Los tres primeros círculos defensivos cayeron con relativa facilidad. El hecho de que los japoneses lanzaran contraataques tácticamente imprudentes favoreció a los estadounidenses.

Pero en el cuarto círculo de la isla de Kiyamuschiere, la resistencia fue muy dura. Cuando se perdió toda esperanza, varios japoneses, entre ellos el general Mitsuru

141

Ushijima, cometieron seppuku o se inmolaron con granadas de mano.

Pérdidas

- Pérdidas estadounidenses: Unos 34 barcos se hundieron, 368 barcos resultaron dañados y 763 aviones fueron derribados. En total, más de 12.000 soldados estadounidenses murieron durante la batalla de Okinawa.
- Pérdidas japonesas: Las pérdidas japonesas fueron enormes. Murieron 107.539 soldados, 10.755 fueron capturados o se rindieron. 7830 aviones y 16 barcos fueron destruidos.
- Víctimas civiles: Los habitantes de Okinawa fueron obligados a incorporarse al ejército japonés y murieron en los combates. Muchos otros huyeron a cuevas para evitar ser alcanzados por los bombardeos y quedaron enterrados vivos en derrumbes allí. Los bombardeos aéreos y de artillería también causaron muchas víctimas. Todas las estimaciones se sitúan entre un tercio y una décima parte de la población.

- Un fenómeno que no debe subestimarse es el llamado "battlestress". Esto causó más bajas en esta batalla que en otras en las que también se siguió este fenómeno. Los repetidos ataques, los continuos bombardeos y el alto porcentaje de muertes son los responsables. En total, hubo más de 26.000 bajas psiquiátricas en el bando estadounidense. En el lado japonés, no hay cifras disponibles.

Kamikaze

Los kamikazes son soldados que intentan infligir el mayor número posible de bajas al enemigo suicidándose. Los más famosos son los pilotos kamikazes -que también eran los más comunes-, pero son bien conocidos los casos de submarinos kamikazes, lanchas rápidas kamikazes y asaltos kamikazes (en los que soldados encerrados que no veían ninguna posibilidad de victoria se lanzaban a ciegas contra el enemigo). Los kamikazes reciben una mención especial, ya que la cumbre de los ataques kamikaze tuvo lugar durante la batalla de Okinawa.

- Los días 6 y 7 de abril se produjo por primera vez un ataque kamikaze masivo. Cientos de aviones kamikaze, los llamados "kikusui" (crisantemo flotante, símbolo imperial de Japón), se lanzaron contra la flota de invasión. Al final de la batalla, se habían realizado 1465 vuelos kamikaze. Treinta barcos estadounidenses fueron hundidos y 164 resultaron dañados.

- Los japoneses también habían ideado un plan para atacar a la flota estadounidense con lanchas rápidas llenas de explosivos. Sin embargo, este plan nunca se llevó a cabo.

- El orgullo de la flota japonesa, el *Yamato,* el mayor acorazado de la historia, también fue enviado en misión kamikaze. El plan era que encallara en las playas de Okinawa y actuara como emplazamiento de artillería. Sin embargo, el submarino estadounidense *USS Hackleback* detectó antes el acorazado y su escolta -compuesta por el crucero ligero *Yahagi* y ocho destructores- y transmitió su ubicación. El vicealmirante Marc Mitscher lanzó ataques aéreos a las 10 de la mañana del 7 de abril. Durante las dos horas siguientes, la flotilla japonesa estuvo bajo constante ataque aéreo. El

Yamato recibió 12 bombas y siete torpedos. Finalmente explotó y se hundió. El *Yahagi* y uno de los destructores compartieron su destino. Cuatro de los otros destructores no pudieron regresar a Japón. De la tripulación del *Yamato*, sólo 269 hombres de 2747 sobrevivieron a la batalla naval. El *Yahagi* perdió 446 hombres y en los destructores murieron 391. Los estadounidenses perdieron 10 aviones y 12 soldados. Esta fue la última acción de la flota japonesa durante la guerra.

Impacto

La lucha tenaz y las pérdidas extremadamente elevadas para los estándares estadounidenses en una isla relativamente pequeña dieron a los estadounidenses poco valor o esperanza para una invasión por medios convencionales de las islas principales de Japón. Esa era precisamente la intención del mando supremo japonés.

Esto contribuyó a la decisión del presidente Harry Truman de lanzar las bombas atómicas desarrolladas en secreto sobre Hiroshima y Nagasaki. Según la creencia popular, el emperador Hirohito se vio así obligado a capitular. Esto marcó el final de la Segunda Guerra Mundial, ya que Alemania había capitulado en mayo de 1945.

Fin de la guerra

Con el colapso de la Alemania nazi en mayo de 1945, los estadounidenses querían terminar la guerra en Asia lo antes posible. Se acordó con la Unión Soviética cancelar el tratado de no agresión con Japón y declarar la guerra al cabo de 3 meses (es decir, el 8 de agosto de 1945).

A pesar de los intensos bombardeos sobre las ciudades japonesas, Japón se negó a rendirse. Para obligar a Japón a rendirse, sin que ello supusiera enormes pérdidas en su propio bando al invadir Japón, los estadounidenses decidieron desplegar una nueva arma: la bomba atómica. El 6 de agosto, la primera bomba atómica, apodada *Little Boy*, cayó sobre Hiroshima. Le siguió unos días después, el 9 de agosto, la bomba *Fat Man*, que cayó sobre Nagasaki. Un día antes del ataque atómico a Nagasaki, la Unión Soviética había declarado la guerra a Japón. El 9 de agosto, la Unión Soviética lanzó la Operación Tormenta de Agosto, con 1,5 millones de tropas que entraron en Manchuria (Manchukwo), Mongolia Interior (Mengjiang), Sajalín del Sur (Karafuto), Corea del Norte y, el 18 de agosto, las Kuriles. Los sorprendidos japoneses ofrecieron poca resistencia y más de un millón de hombres, incluidos

180 generales, fueron hechos prisioneros de guerra. Los paracaidistas rusos también lograron detener al emperador títere de Manchuria, Pu Yi.

A las 11 de la noche del 14 de agosto, Japón informó a los Aliados mediante un telegrama que aceptaba los términos de la Declaración de Potsdam y los de la carta del Secretario de Estado estadounidense James F. Byrnes del 11 de agosto.

Con eso, Japón se había rendido. Un día después, al mediodía, el emperador anunció por radio la noticia de la rendición de Japón, pero los soviéticos continuaron su avance hasta el 1 de septiembre y capturaron las Kuriles. El 2 de septiembre, Japón firmó el Acta de Rendición en el acorazado *Missouri*. Esto puso fin a la Segunda Guerra Mundial.

En la paz concluida, Japón cedió varios territorios japoneses:

- Su mandato sobre las antiguas islas alemanas del Pacífico (independientes)
- la mitad sur de la isla de Sajalín (a la Unión Soviética)
- Las Kuriles (a la Unión Soviética)
- Ferrocarril de Manchuria del Sur (China)

- Taiwán (China)

Secuelas

El final de la Segunda Guerra Mundial fue seguido por una ola de cambios inducidos por la guerra en Asia Oriental.

La guerra civil estalló en China poco después de la Segunda Guerra Mundial entre el gobierno nacionalista de Chiang Kai-shek y los comunistas de Mao Tsetung. En 1949, los comunistas ganaron y se fundó la República Popular China. Los nacionalistas huyeron a Formosa, donde continuaron la República de China, ahora más conocida como Taiwán.

En las Indias Orientales Neerlandesas, la ocupación japonesa provocó la aparición de un movimiento independentista y, el 17 de agosto de 1945, la colonia neerlandesa declaró su independencia como República de Indonesia, con Sukarno como primer presidente. Siguieron años de guerra de guerrillas, respondidas por Holanda con las llamadas acciones policiales, hasta que Holanda, bajo la presión de Estados Unidos, reconoció la independencia de Indonesia el 27 de diciembre de 1949.

Después de la Segunda Guerra Mundial, Corea se dividió en una parte norteña, comunista, apoyada por la Unión

Soviética, y una parte sur, apoyada por Estados Unidos. En 1950, Corea del Norte invadió la parte sur, Corea del Sur. Una fuerza de las Naciones Unidas defendió a Corea del Sur, tras lo cual la Nueva República Popular China intervino en el lado norcoreano. En 1953, se firmó un armisticio entre Corea del Norte y Corea del Sur, que ha continuado hasta hoy.

Los nacionalistas también aprovecharon su oportunidad en la colonia francesa de Vietnam. Poco después del final de la Segunda Guerra Mundial, estalló una guerra de guerrillas entre los franceses y los nacionalistas, el comienzo de la Guerra de Vietnam. En 1949, los franceses tuvieron que reconocer la independencia de Vietnam. Sin embargo, el conflicto con el Vietminh comunista de Hồ Chí Minh continuó y en 1950 Ho Chi Minh declaró la independencia de Vietnam del Norte. En 1957, estalló la guerra entre Vietnam del Norte y Vietnam del Sur, apoyado por Estados Unidos, guerra en la que los estadounidenses se involucraron cada vez más.